Film and Video Umbrella

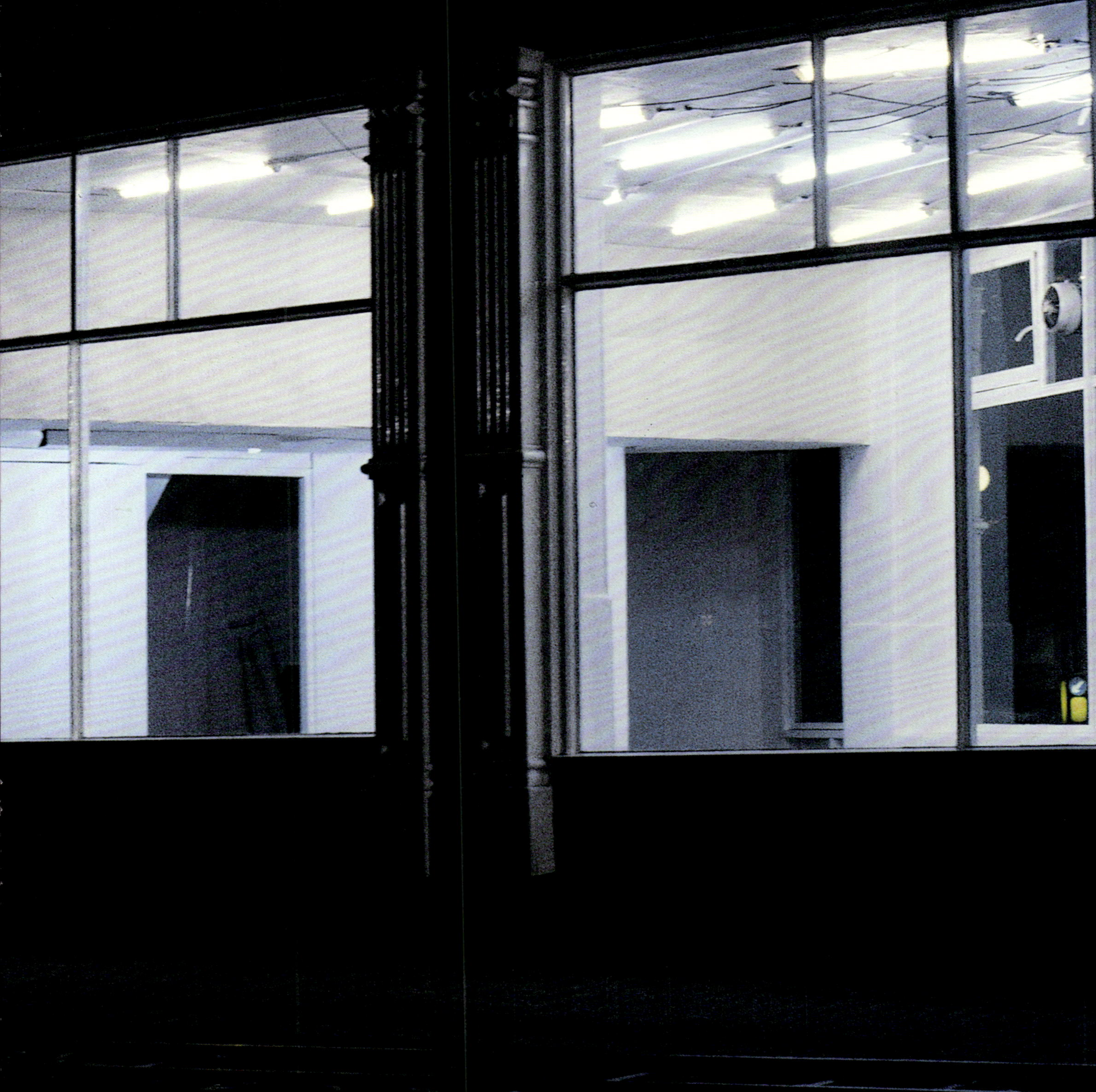

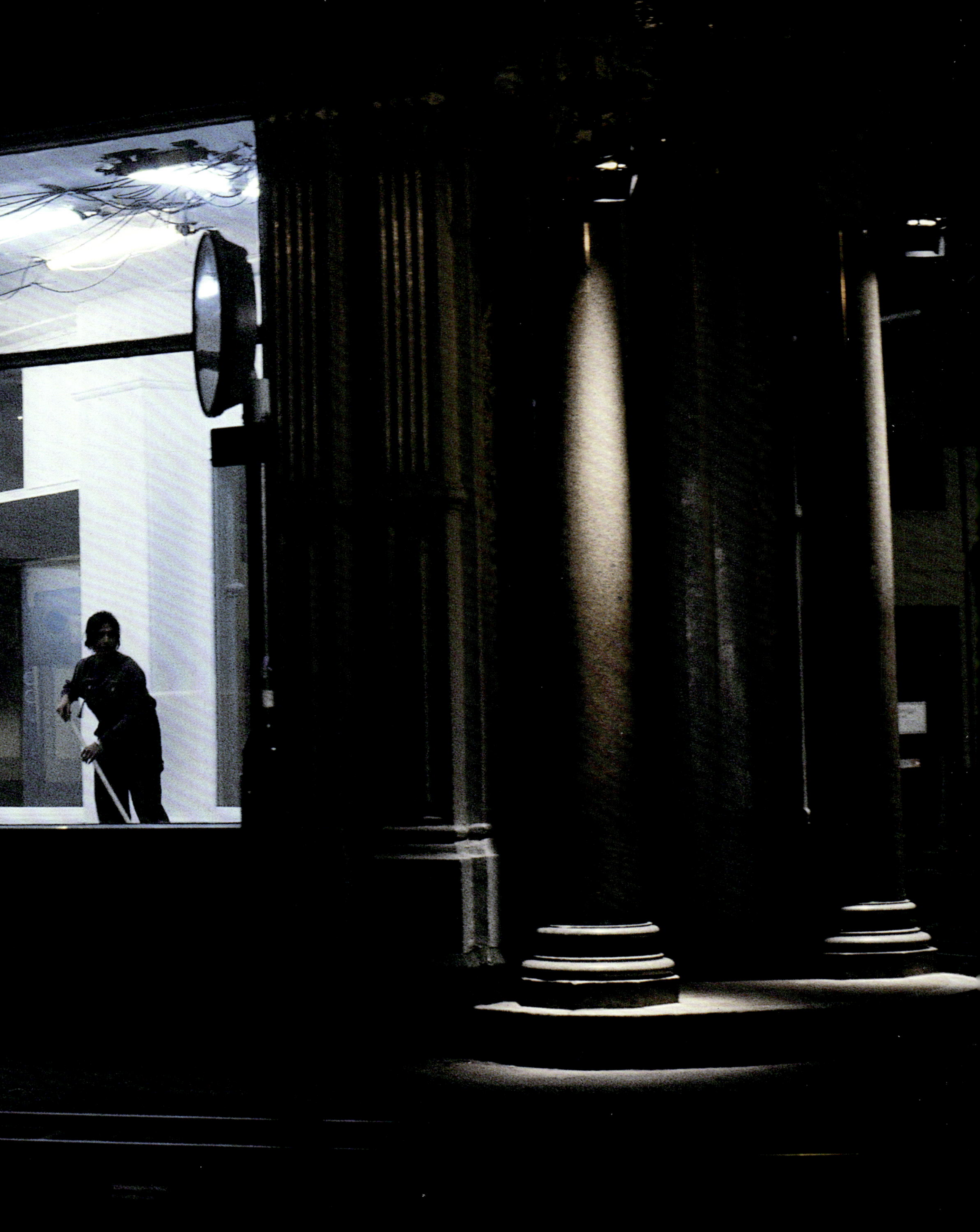

Smithfield
2000

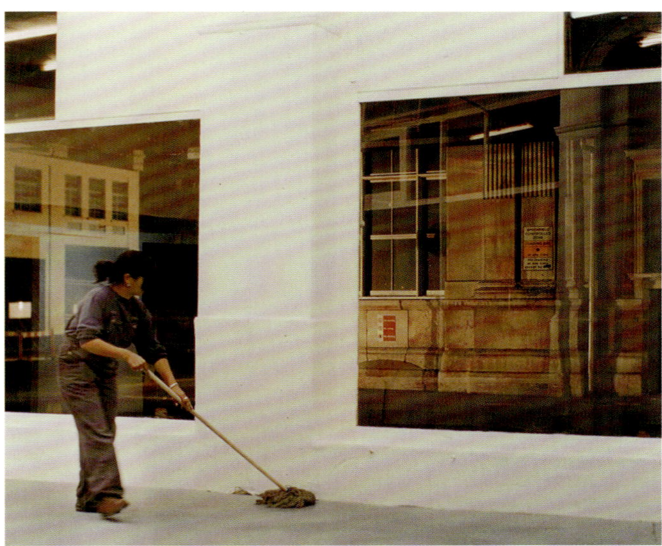

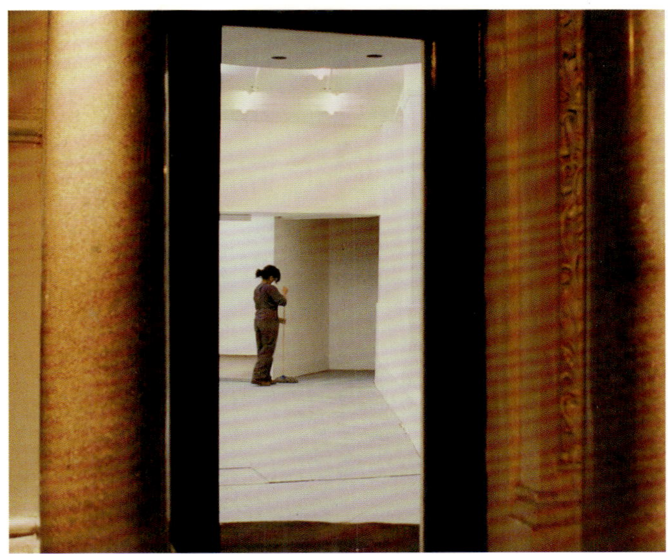

35mm, colour, transferred to DVD
4 minutes (looped)
Film stills (page 8: location shot)

35mm, couleur, transféré au DVD
Boucle de 4 minutes
Photos tirées du film (page 8 : extérieur)

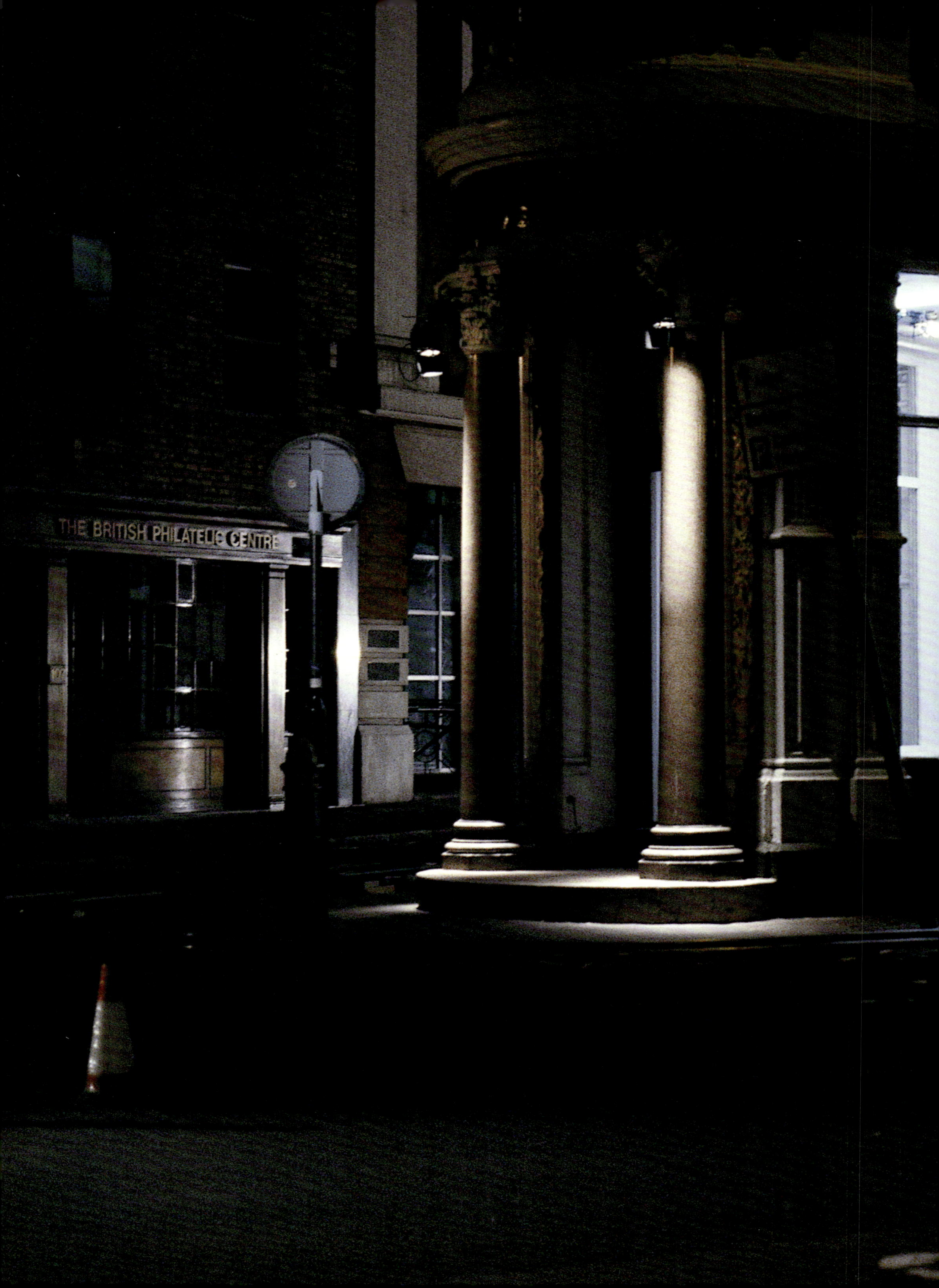
THE BRITISH PHILATELIC CENTRE

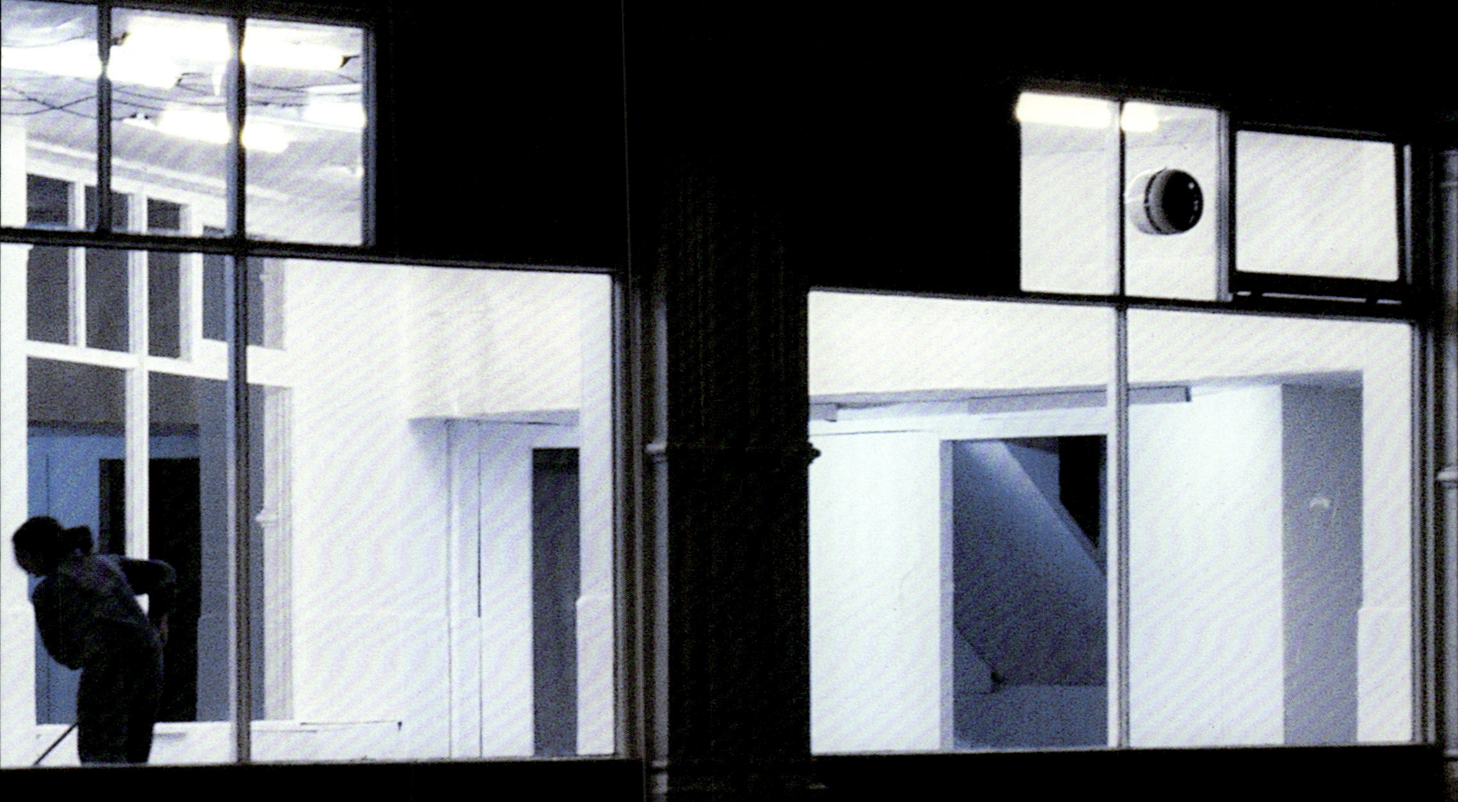

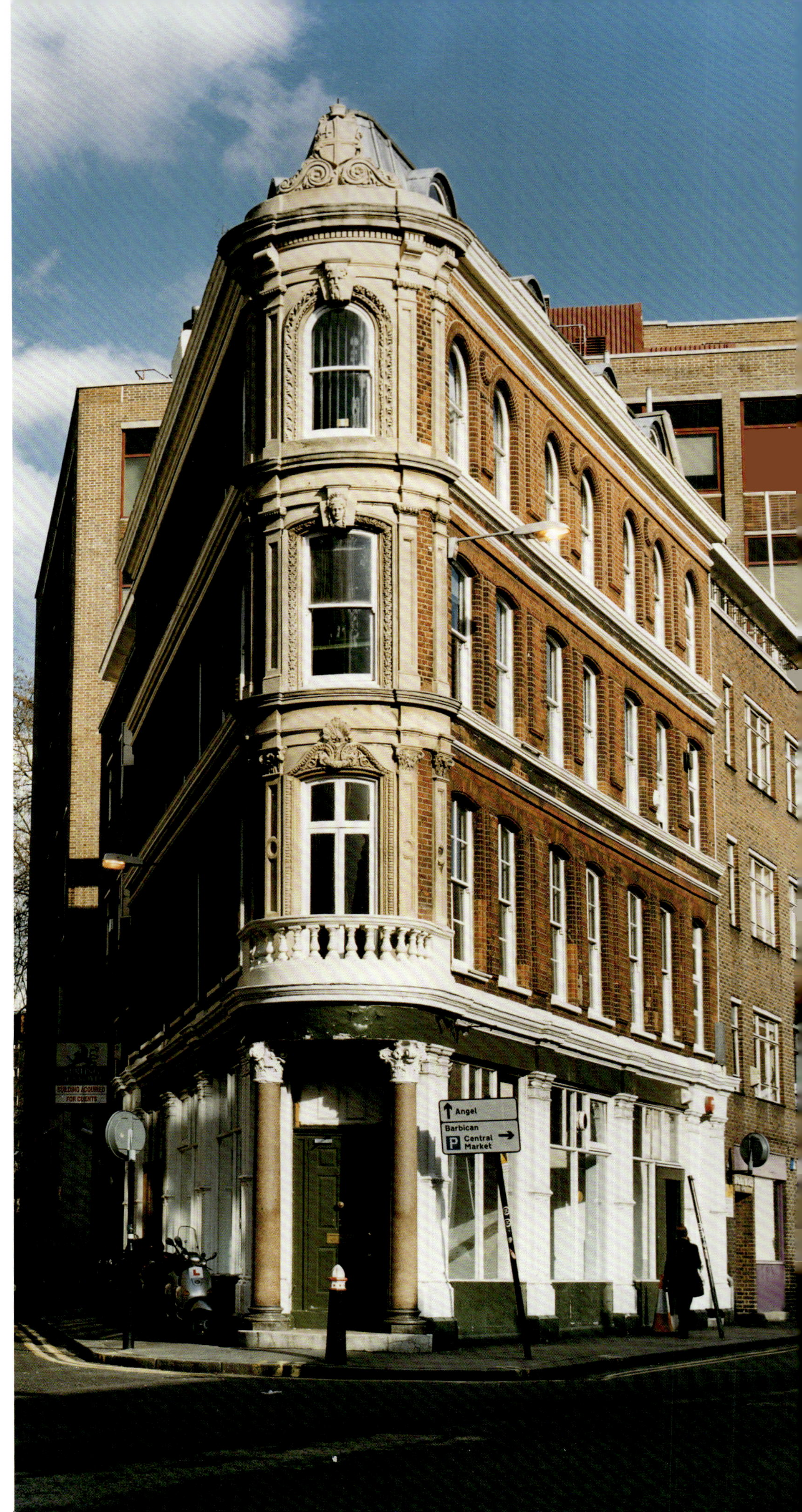

BUILDING ACQUIRED
FOR CLIENTS
Angel
Barbican
P Central
Market
L

Peeping Tom
2000

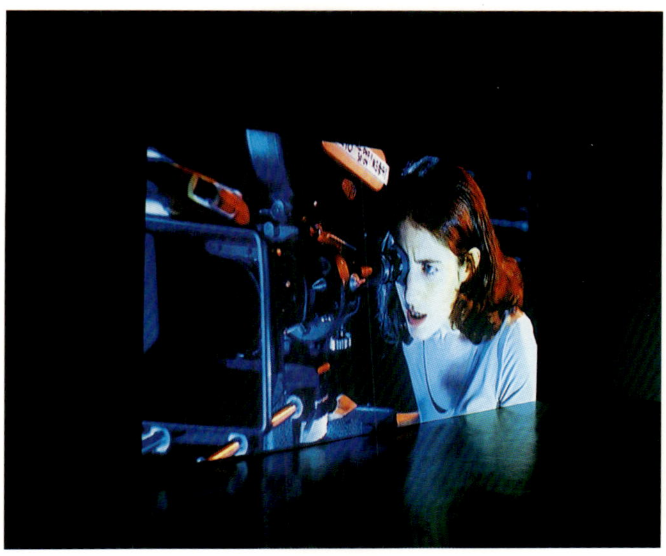

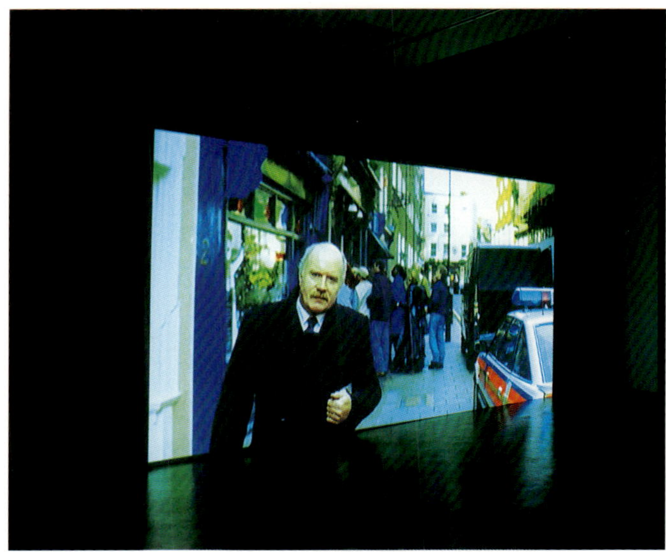

35mm, colour, transferred to DVD
5 minutes 30 seconds (looped)
Pages 9–11: installation views; pages 12–14: film stills

35mm, couleur, transféré au DVD
Boucle de 5 minutes 30 secondes
Pages 9-11 : vues de l'installation; pages 12-14 : photos tirées
du film

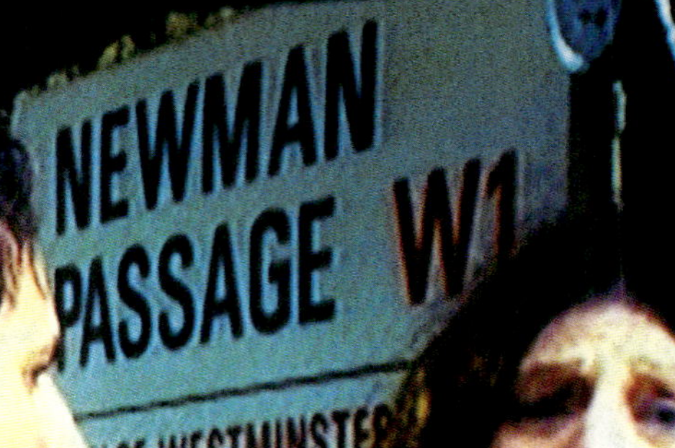

NEWMAN
PASSAGE W1
CITY OF WESTMINSTER

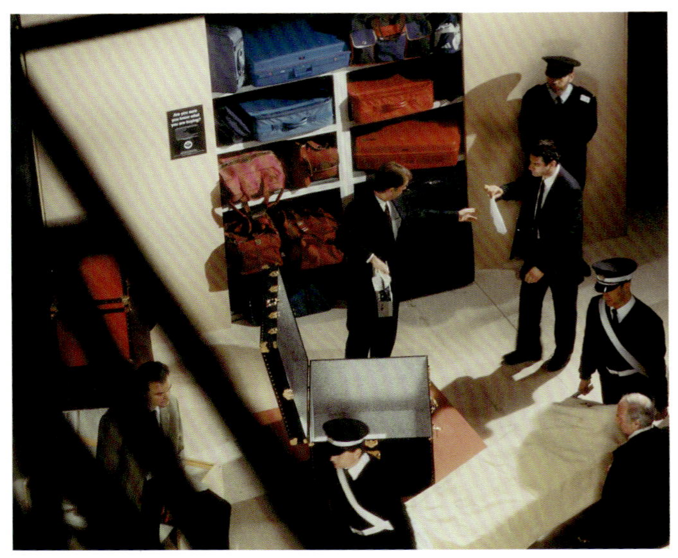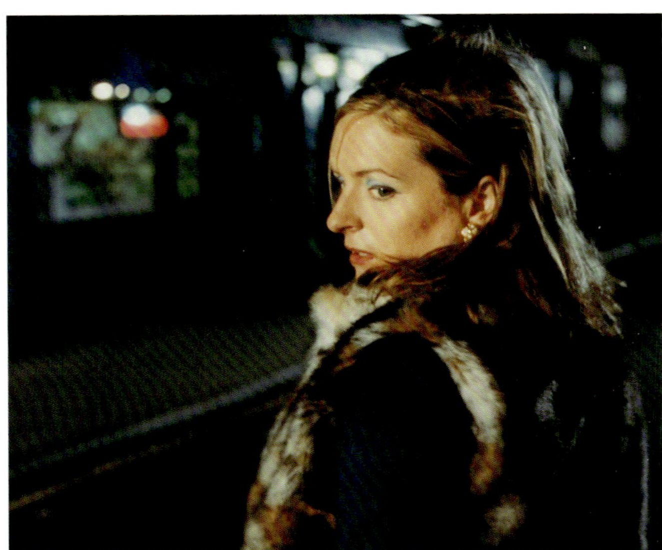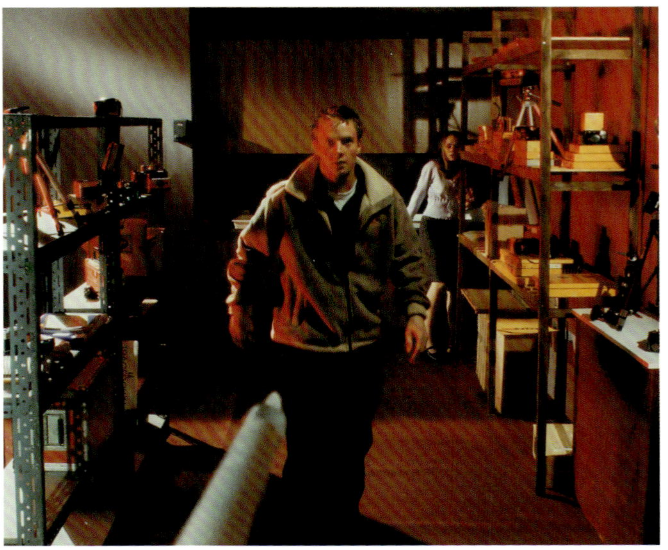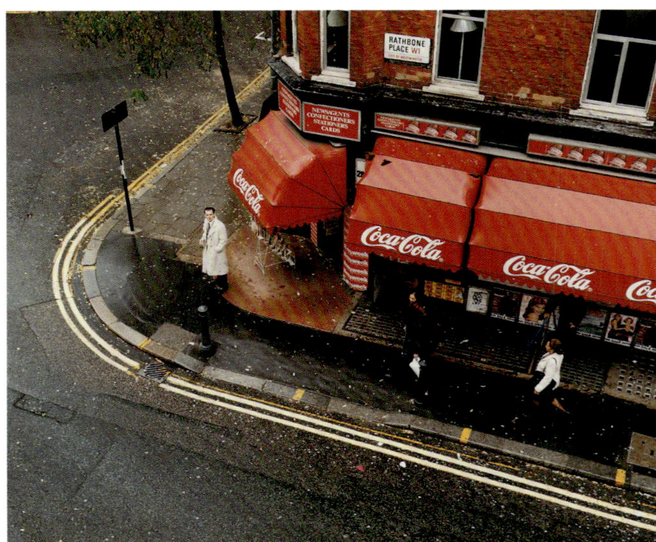

RATHBONE
PLACE W1
Coca-Cola
Coca-Cola
Coca-Cola
Coca

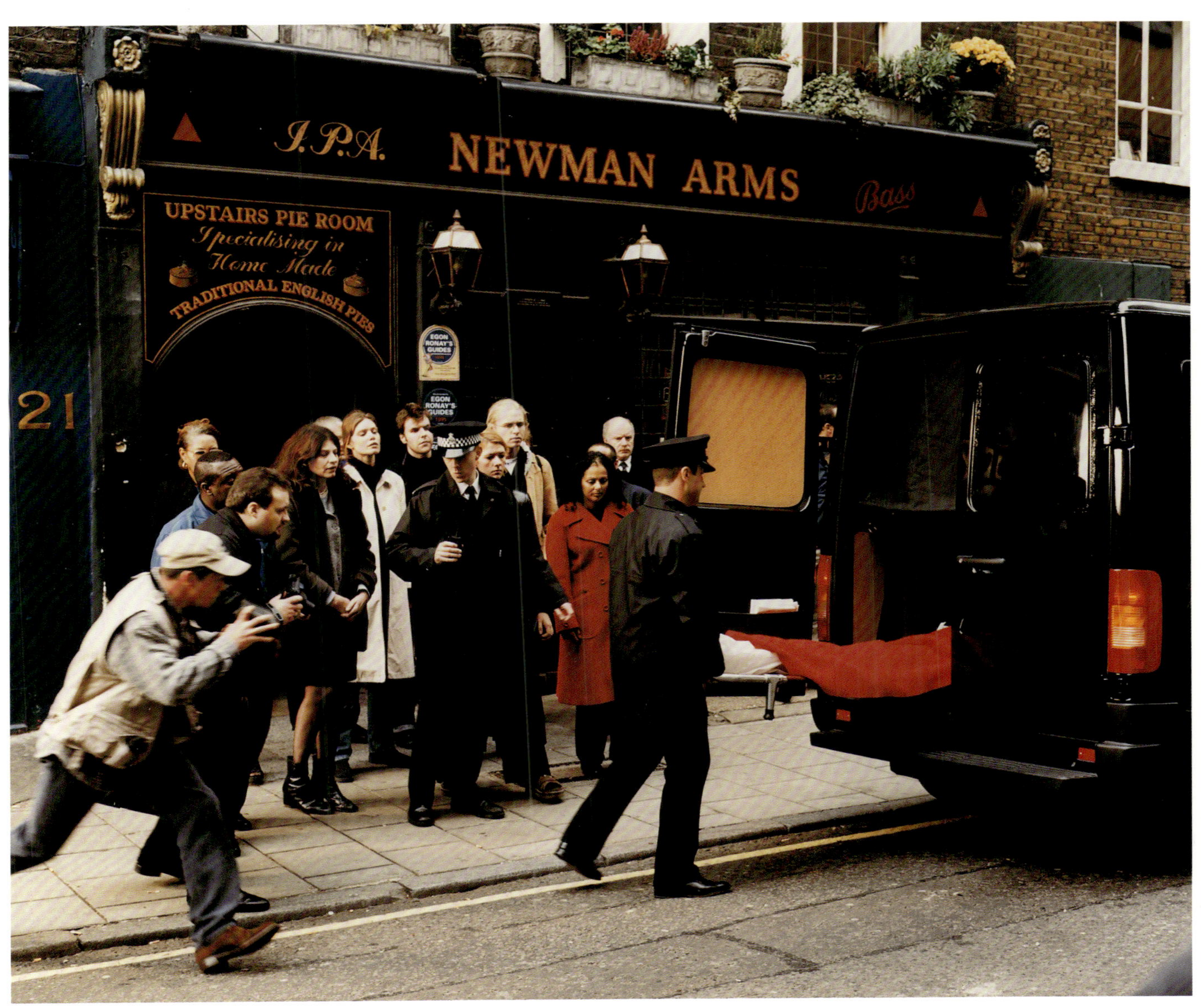

I.P.A.
NEWMAN ARMS
Bass
UPSTAIRS PIE ROOM
Specialising in
Home Made
TRADITIONAL ENGLISH PIES
EGON RONAY'S GUIDES
21

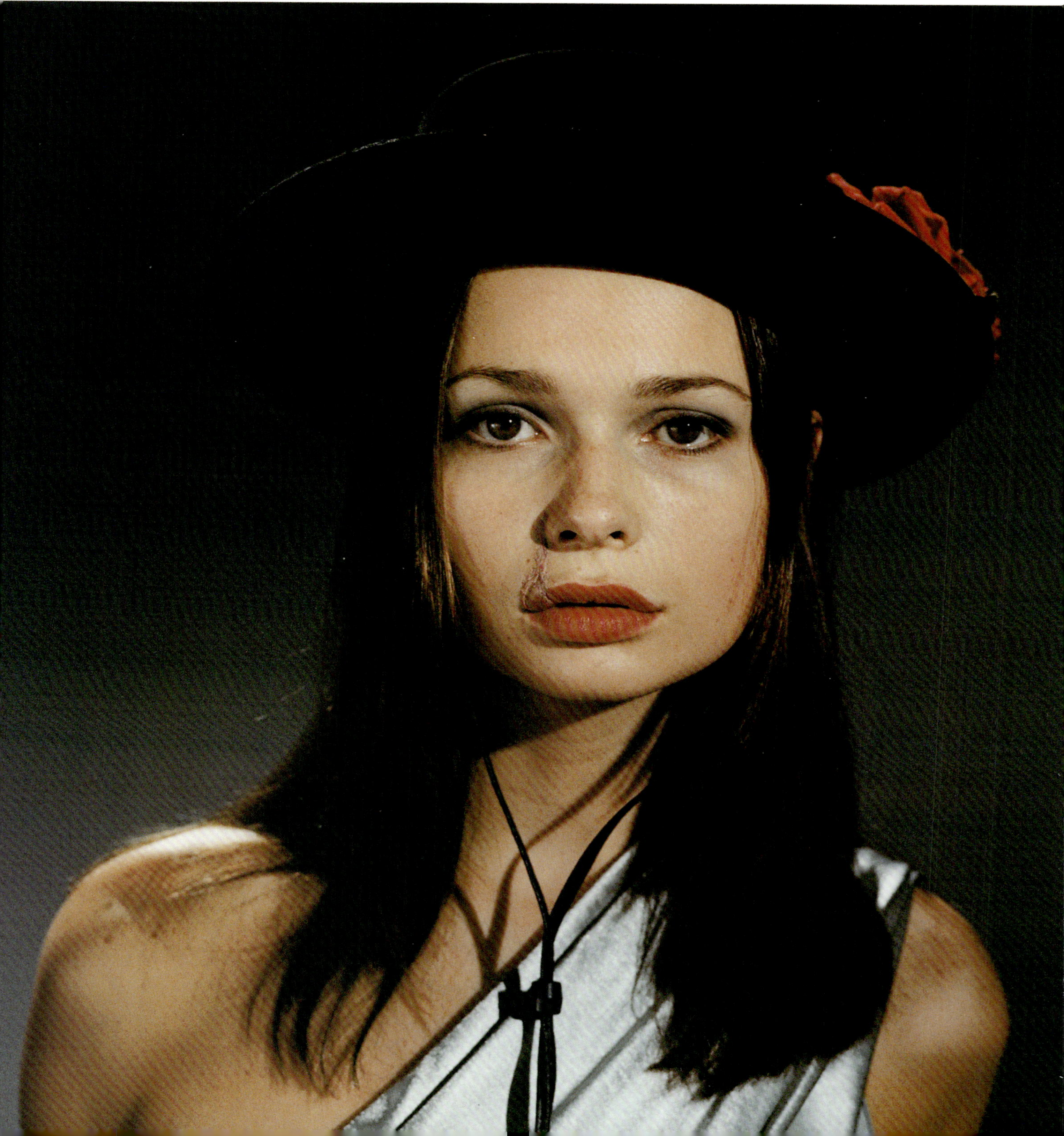

Page 15

Two Impossible Films
1995–1997

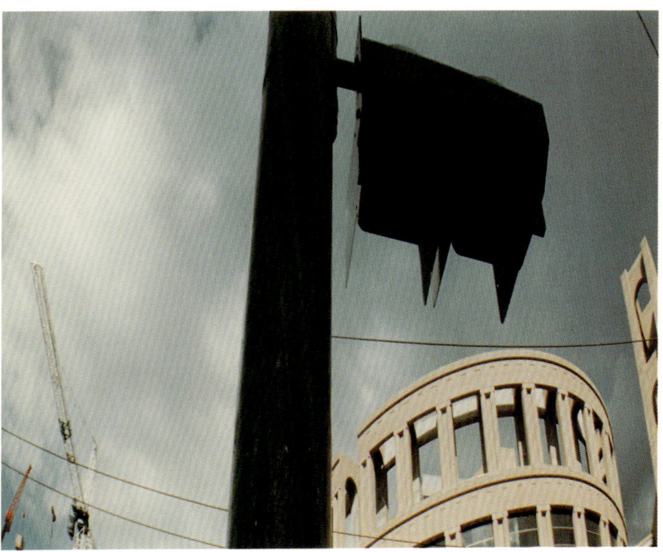

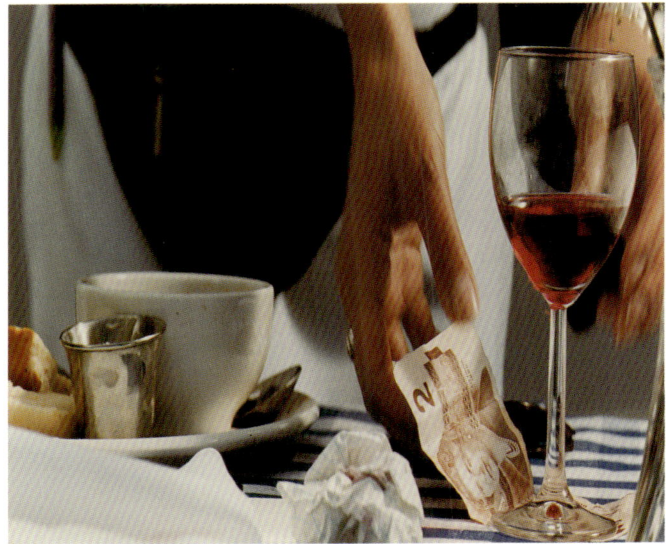

35mm, colour, cinemascope, sound, transferred to DVD
with colour prints and text; 28 minutes (looped)
Anamorphic prints (pages16–17: installation view)

35mm, couleur, cinémascope, son, transféré au DVD,
avec épreuves couleurs et texte; boucle de 28 minutes
Épreuves avec des images anamorphiques (pages 16-17 : vue
de l'installation)

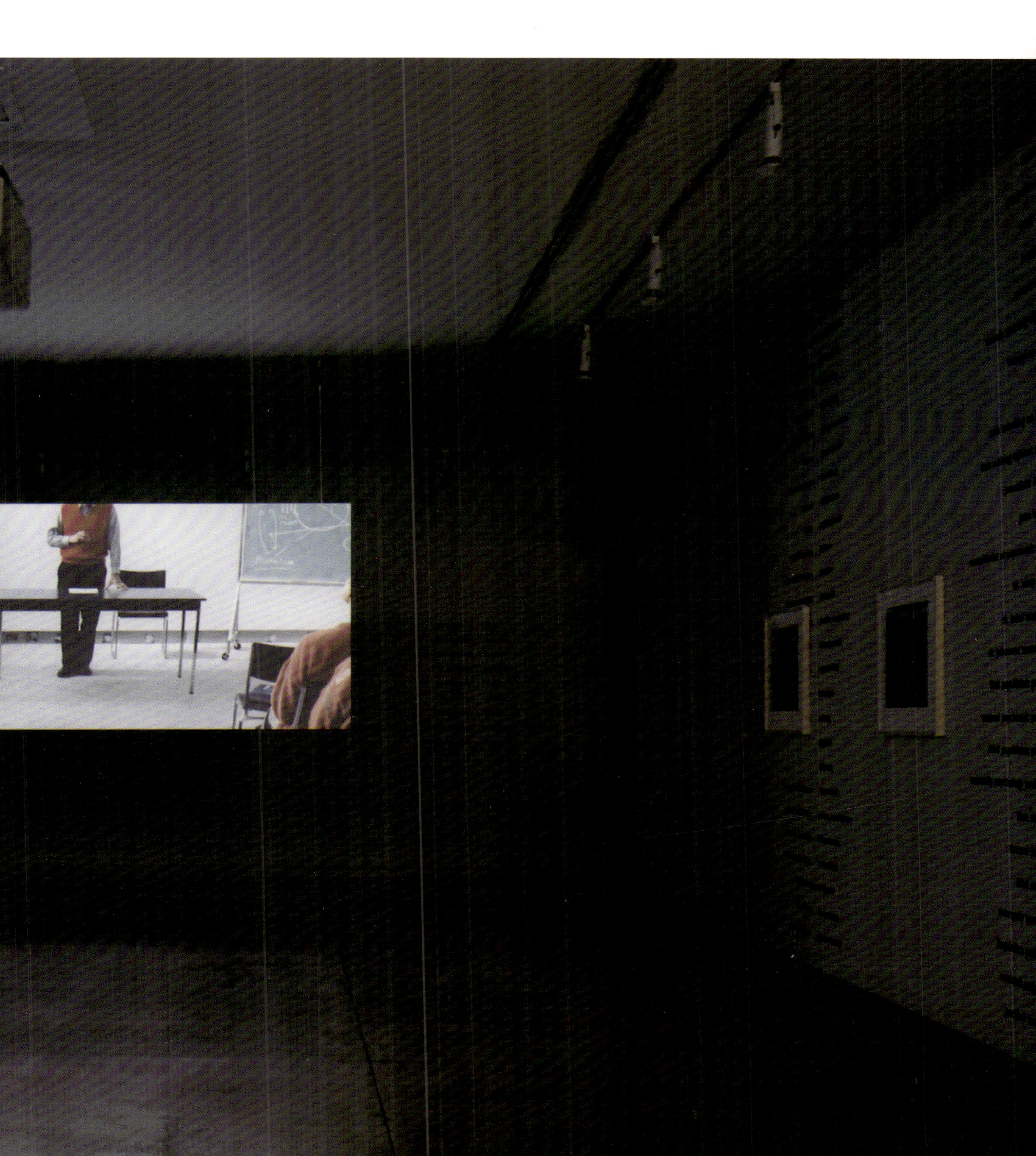

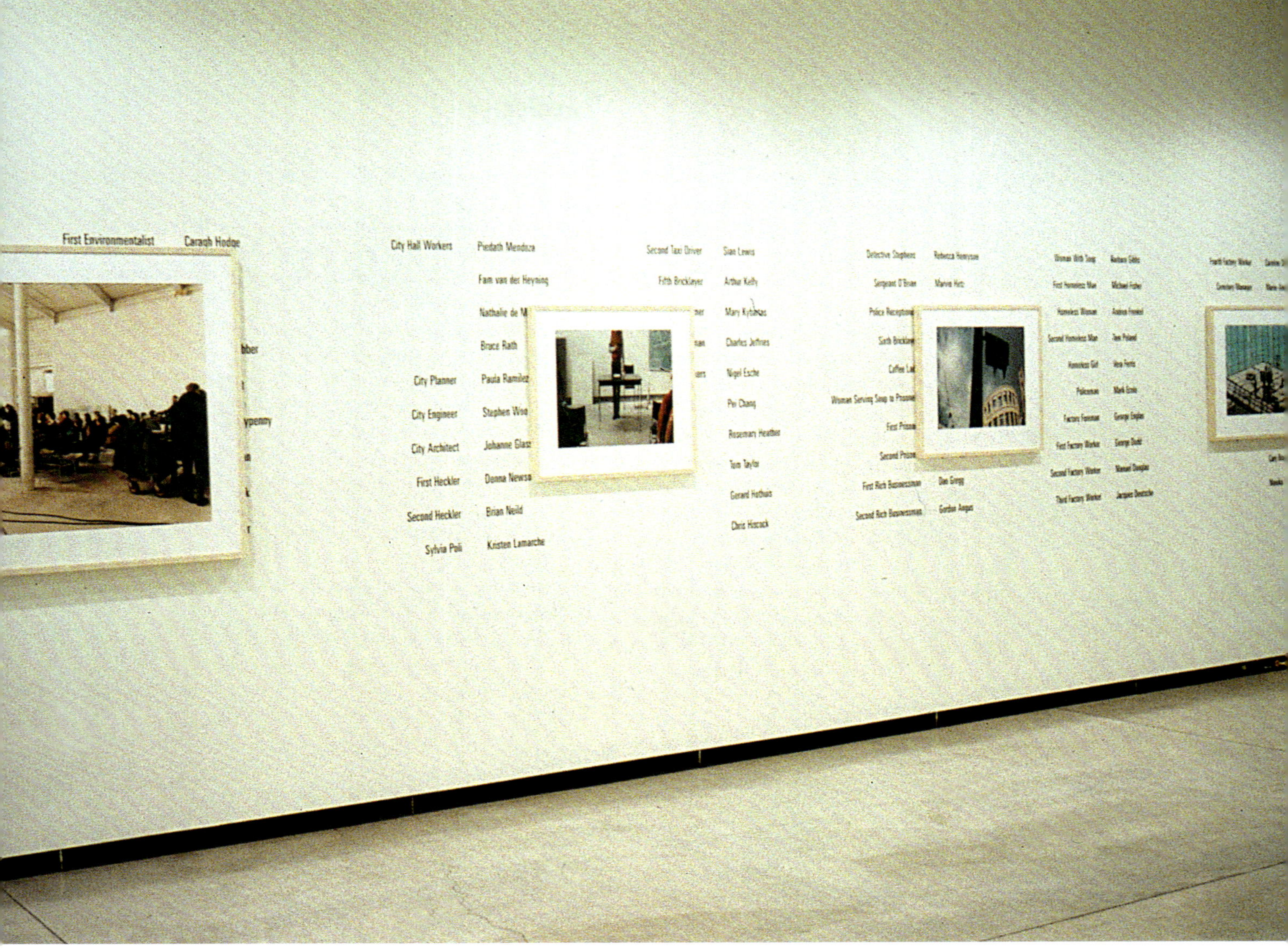

First Environmentalist   Caragh Hodge

City Hall Workers   Piedath Mendoza
Fam van der Heyning
Nathalie de M...
Bruce Rath
City Planner   Paula Ramirez
City Engineer   Stephen Wise
City Architect   Johanne Glass
First Heckler   Donna Newson
Second Heckler   Brian Neild
Sylvia Poli   Kristen Lamarche

Second Taxi Driver   Sian Lewis
Fifth Bricklayer   Arthur Kelly
Mary Kyriakas
Charles Jeffries
Nigel Esche
Pei Chang
Rosemary Heather
Tom Taylor
Gerard Hothuis
Chris Hiscock

Detective Stephens   Rebecca Henrysun
Sergeant O'Brian   Marvin Hotz
Police Receptionist
Sixth Bricklayer
Coffee La...
Woman Serving Soup to Prisoners
First Prisoner
Second Prisoner
First Rich Businessman   Dan Gregg
Second Rich Businessman   Gordon Angus

Woman With Tray   Barbara Gibbs
First Homeless Man   Michael Fisher
Homeless Woman   Andrea Frenkel
Second Homeless Man   Ann Poland
Homeless Girl   Vera Frenz
Policeman   Mark Erwin
Factory Foreman   George Engler
First Factory Worker   George Dodd
Second Factory Worker   Manuel Douglas
Third Factory Worker   Jacques Deutsche

Fourth Factory Worker   Camine...
Cemetery Manager   Marie...

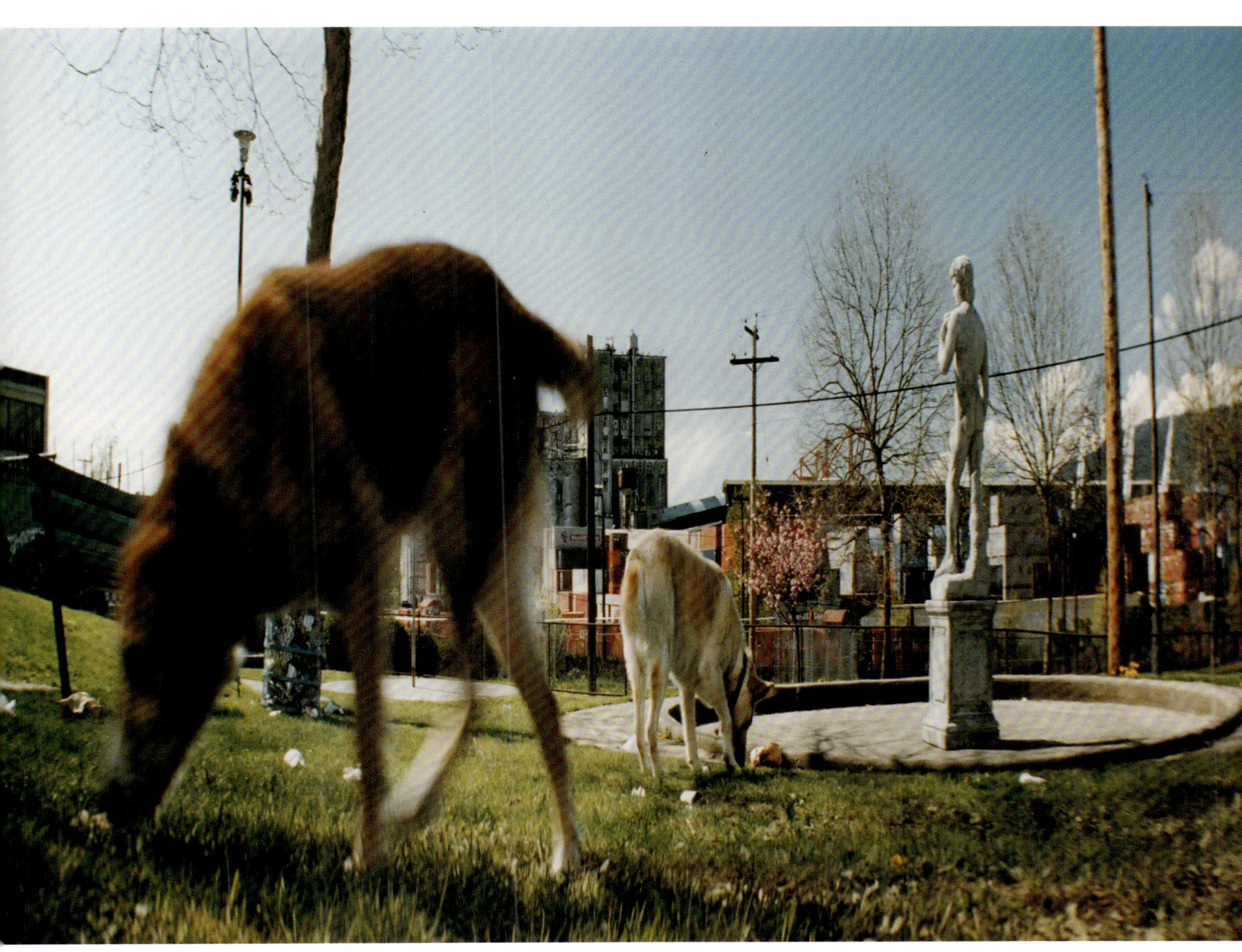

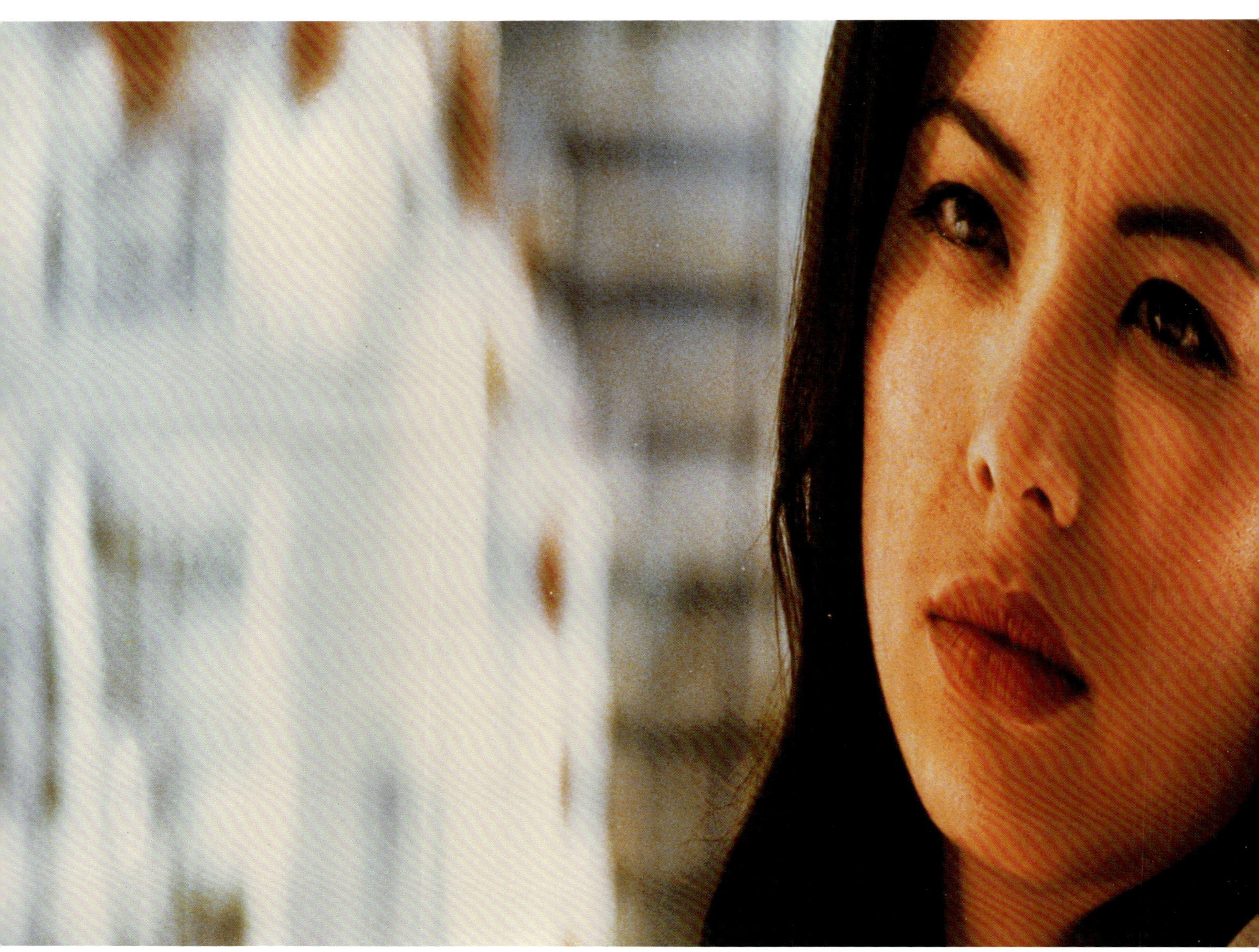

Centrale
1999

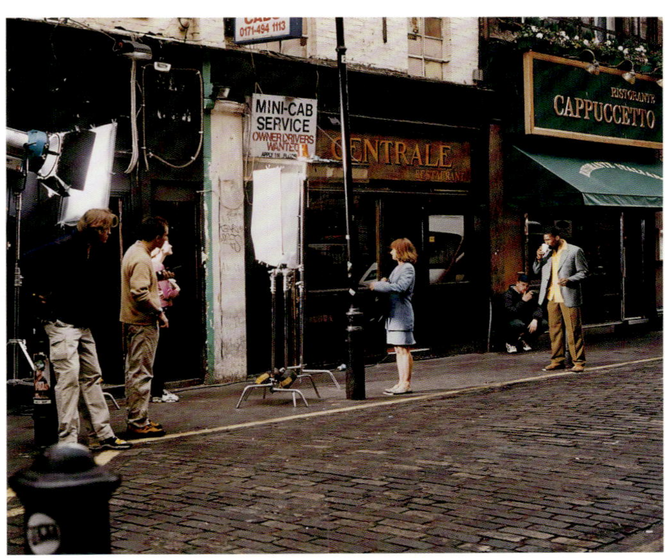

35mm, colour, transferred to DVD
4 minutes (looped)
Location shots (page 22: installation view)

35mm, couleur, transféré au DVD
Boucle de 4 minutes
Extérieurs (page 22 : vue de l'installation)

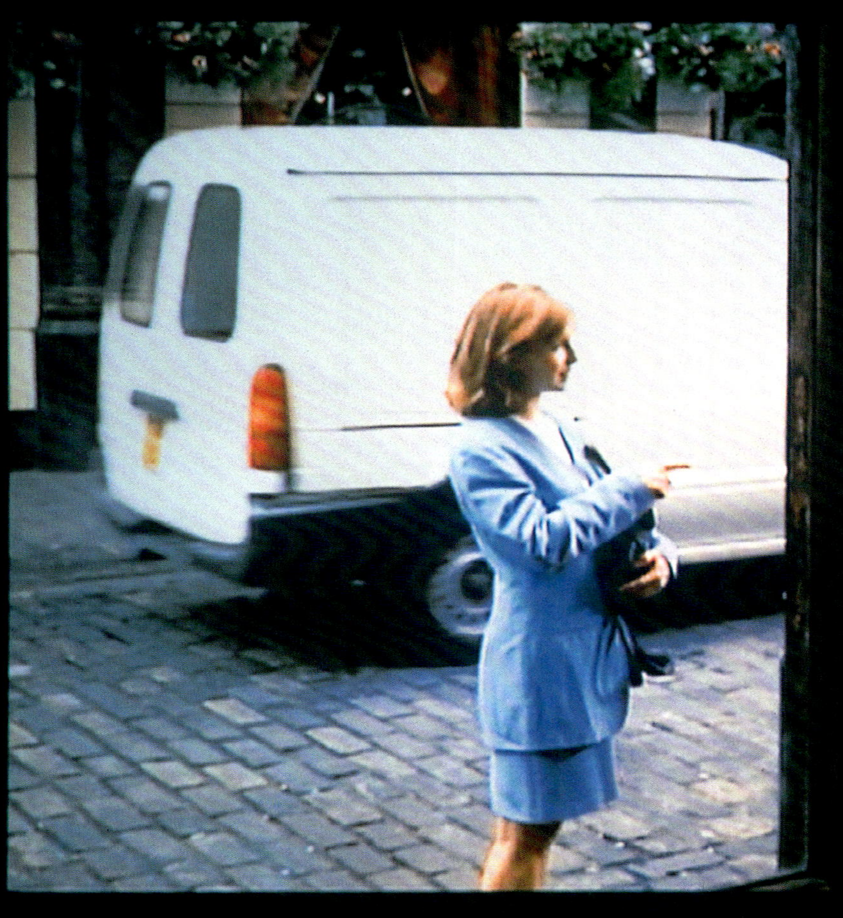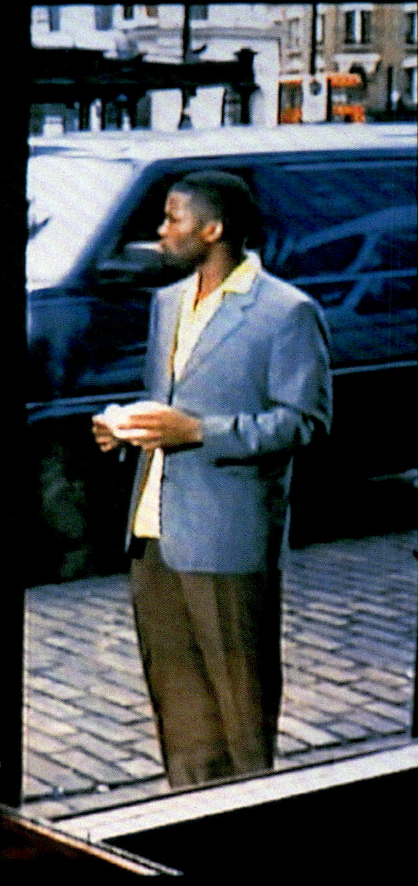

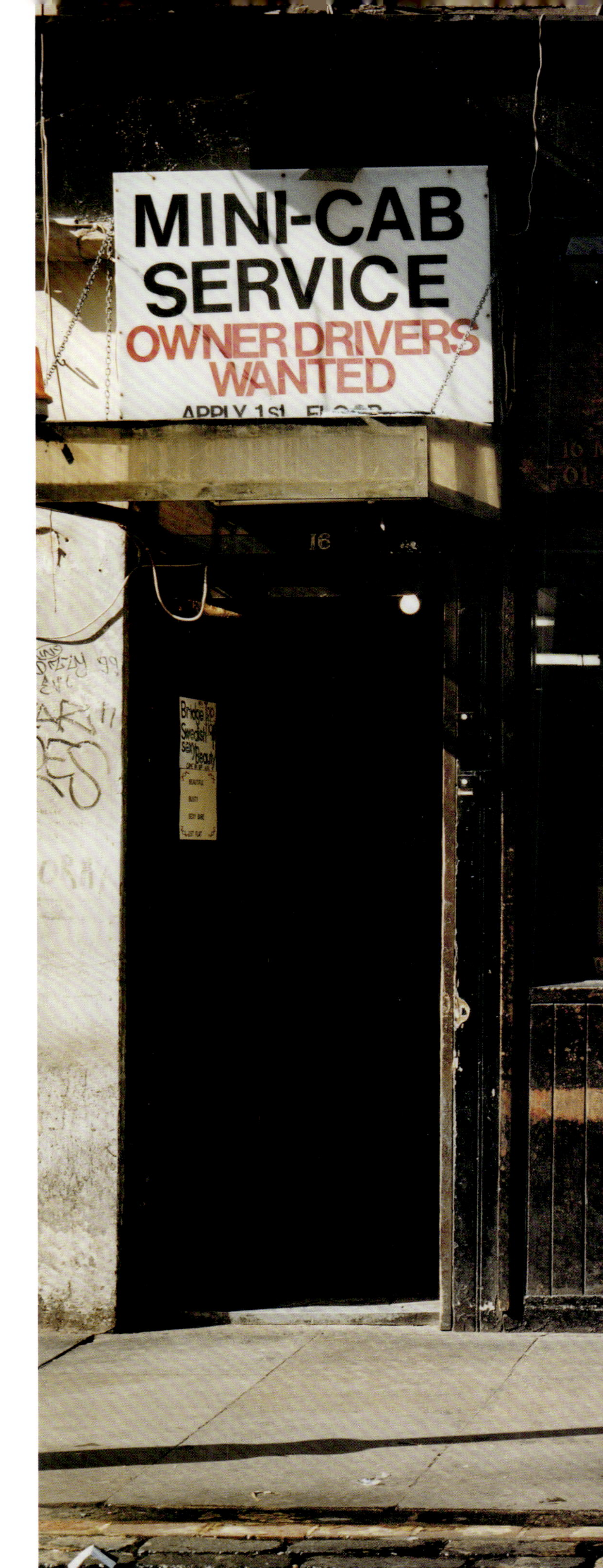
MINI-CAB
SERVICE
OWNER DRIVERS
WANTED
APPLY 1st FLOOR

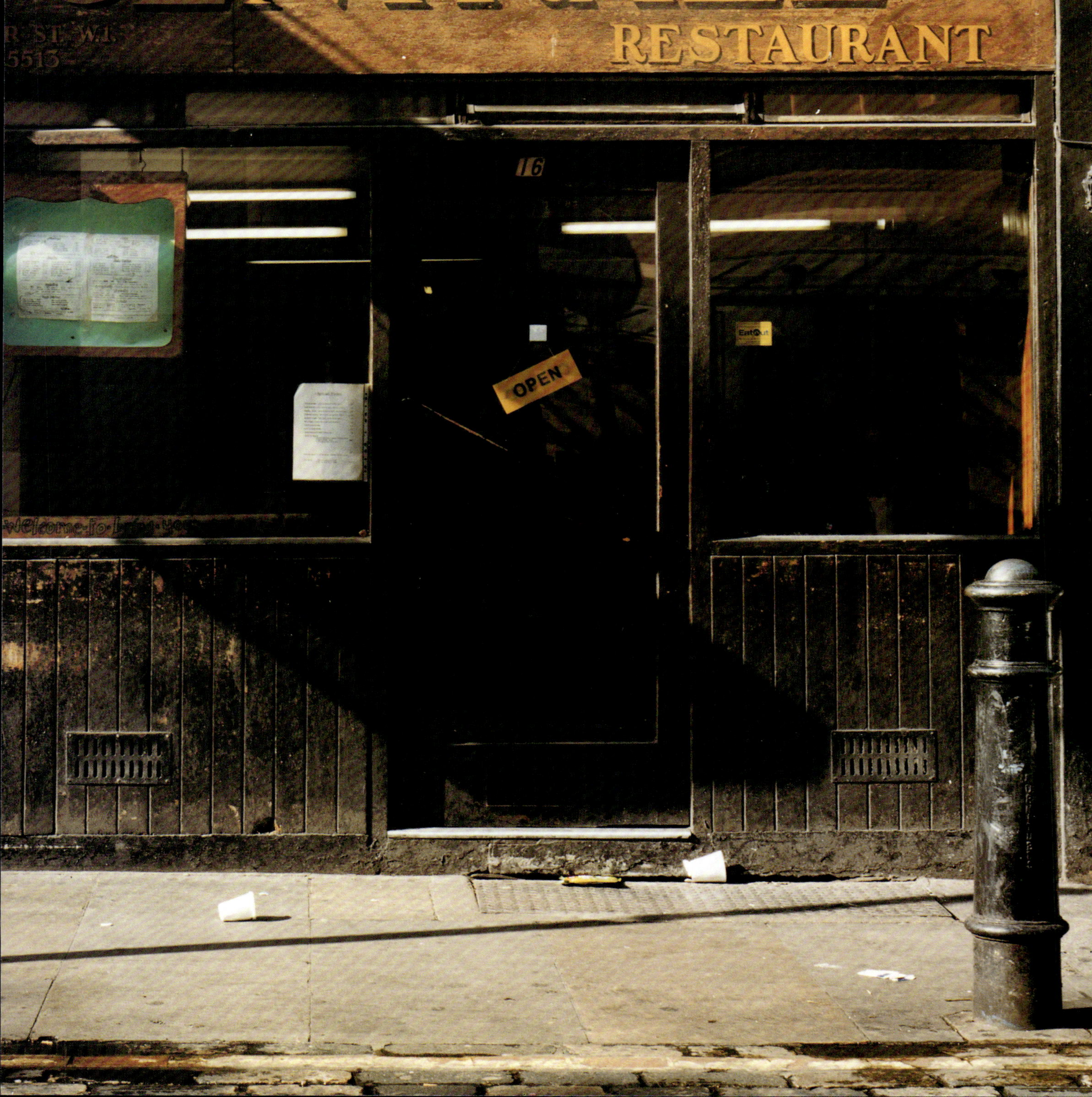

CENTRALE
RESTAURANT
16
OPEN

Mark Lewis Films 1995–2000

Film and Video Umbrella

Mark Lewis Films 1995–2000
Charles Esche
4172 words

Mark Lewis Films 1995–2000
Charles Esche
4358 mots

1. Rules, economics and old age

Since turning to film in the mid-1990s, Mark Lewis has abided by certain rules of engagement in the practice of his work – rules which apply equally to the works' production values and their eventual mode of presentation. All the films are shot on 35mm, with a professional crew and actors and extras, before being post-produced using high-quality transfer and editing suites. His production budgets are therefore closer to the world of independent cinema than to traditional art commissions. Once shot, the films are transferred to video disc and shown in galleries using high-quality video projectors. Although each work has its own formal exhibition solution, there are never any seats provided in the gallery and decisions on when to come and go rest with the viewer. There is also no ceremonial process of dimming the lights to prepare for the films to begin, so the order in which the viewer experiences the work is determined simply by the point at which they enter the space.

These rules are certainly there to restrict any expressive excess and to guide the artist's choice of projects and means of production, but they also define in specific ways how we might approach the work. They immediately emphasise the close relationship between Lewis' work and feature film making, a contrast to much low-tech artists' video of the recent past. The works are also equally as interested in the viewer and his or her capability for great leaps of the imagination as in the politics of film-making.

The idea of the 'part cinema', which Lewis clarifies in his interview elsewhere in this volume, is a consistent point of departure. He isolates the formal inventions of cinema in order to create an overt awareness of them in the viewer's consciousness. In this way, his work could be seen as being anti-Hollywood, against the narrative and temporal illusions of cinema. Yet he is also clearly fascinated with the visuality of the medium, its power over its audience and the ease with which a large-scale projected image can seduce the eye. Experientially, the films themselves bind together these tensions and oppositions in moving-image works that are both seductive and critical, both Hollywood and avant-garde, because, as Lewis says, 'film is an old invention, it's a bit dusty, and artists are picking over its remains, re-thinking its history, but without the burden of its old historical antagonisms.'

2. Plundering film history and finding some gems

'However promising the beginning may be, long before the end all interesting incident may have given out. In which case,

1. Règles, économie et grand âge

Depuis qu'il s'est tourné vers le cinéma au milieu des années 1990, Mark Lewis s'est imposé certaines règles dans la pratique de son art, des règles qui s'appliquent tout autant aux critères de production qu'au mode de présentation de ses œuvres. Il tourne tous ses films sur pellicule 35 mm, avec des techniciens professionnels, des acteurs et des figurants et il utilise, pour le transfert et le montage, du matériel de haute qualité. Ses budgets de production sont par conséquent plus proches de ceux du cinéma indépendant que des commandes artistiques traditionnelles. Une fois terminés, les films sont transférés sur vidéodisque et projetés dans des galeries d'art ou des musées à l'aide de vidéoprojecteurs de qualité. Bien qu'à chaque œuvre corresponde un mode particulier d'exposition, il n'y a jamais de fauteuil dans la galerie. Le spectateur peut donc aller et venir à son gré, choisir lui-même son heure d'arrivée et de départ. Aucun rituel, tel celui qui consiste à tamiser les lumières, n'annonce le début de la projection, de sorte que l'ordre dans lequel le spectateur voit le film est déterminé seulement par le moment où il entre dans la salle.

Ces règles servent, bien sûr, à réfréner tout excès expressif et à guider l'artiste dans son choix de projets et de moyens de production, mais elles dictent aussi une certaine manière d'aborder les œuvres. Elles mettent tout de suite en évidence l'étroit rapport que Lewis entretient avec le long métrage, par lequel il se distingue de la plupart des vidéastes des dernières années, beaucoup moins préoccupés de technologie. Les films portent tout autant sur le public et sa capacité de se transporter par l'imagination que sur les jeux de pouvoir dans les milieux cinématographiques.

Lewis part toujours de l'idée de « cinéma en pièces », qu'il explique en entrevue ailleurs dans ce catalogue : il isole les inventions formelles du cinéma pour les porter à la conscience du spectateur. En ce sens, son œuvre peut être considérée comme anti-hollywoodienne, s'élevant contre l'illusion narrative et temporelle du cinéma. En même temps, Lewis est fasciné par les aspects purement visuels du film, par le pouvoir que celui-ci exerce sur le public et par la facilité avec laquelle l'image projetée sur grand écran séduit l'œil. Empiriquement, ses films réconcilient ces tensions dans des images à la fois séduisantes et critiques, qui tiennent à la fois d'Hollywood et de l'avant-garde car, comme l'explique Lewis, « le film est une vieille invention, un peu poussiéreuse, et les artistes en examinent les restes, en re-pensent l'histoire, sans avoir porter le poids de ses vieilles querelles ».

perhaps the best thing to do is to leave off turning, without moving the instrument, and resume turning when suitable incidents occur.'
Cecil Hepworth, 'Animated Photography', *The ABC of Cinematography*, London, 1897

Cecil Hepworth makes a telling distinction in his first manual on cinematography between filming 'the known' and 'the unknown', in other words between setting up a scene for the camera and recording actuality. His instruction to news cameramen to switch off their instruments was among the first conceptualisations of in-camera, motion editing for the new medium of 'animated photography'. It is clear that he is learning the art of making films empirically and, along with his fellow pioneers, establishing formulae that would later become the stock-in-trade of established directors and scenographers. Artists' film projects in the much more recent past have often been peculiarly attached to such early, experimental notions of cinema. The Griffith paradigm that came to define the genre we know as full-length narrative/representational feature film was only the most commercial and literary possibility for film. Other models including the Lumières' single-reel shots were competitive attractions up to the early 1920s. Contemporary interest in these ideas partly stems from a desire to re-examine the experiments of the early cinema as it influenced the historic avant-garde and it is an effective way of getting out from under the steam-roller of commercial cinema. In a body of work like that of Mark Lewis, it is also a reminder not just of the alternative pasts of film history but its possible futures. To start with his latest project *Smithfield*, we find a slow-moving pan along and around an empty ground floor office or shop space. A cleaner sweeps the floor robotically as the camera swoops along outside, changing the angles, permeating the architecture and allowing us viewers an arresting three-dimensional view of her labour. Shot, like an early Lumière short, on a single roll of 35mm film, *Smithfield* rejoices in an almost childish pleasure in the movement of the camera, the richness of the colour and the extraordinariness of capturing movement in this way. The banality of the image evokes something of the heady early excitement of film-makers at the possibilities of their new toy. It points to what we have lost in our age of superabundant media, and how the art context might help us to look at moving images with more attentive eyes.

Lewis premises much of his work on the idea that cinema is entering its terminal phase as the medium of choice for mass artistic expression. The proliferation of new digital technologies

2. Piller l'histoire du cinéma et y découvrir des merveilles
« Si prometteur que puisse être le début, il arrive que, bien avant la fin, plus rien d'intéressant ne se passe. Auquel cas il vaut peut-être mieux cesser de tourner, sans déplacer l'appareil, et attendre qu'il se passe quelque chose pour recommencer à tourner. »
Cecil Hepworth, 'Animated Photography', *The ABC of Cinematography*, Londres, 1897

Dans son premier manuel sur la cinématographie, Cecil Hepworth établit une nette distinction entre filmer le connu et filmer l'inconnu, c'est-à-dire entre le tournage d'une scène conçue expressément pour la caméra et l'enregistrement des actualités. En conseillant aux caméramen de nouvelles d'éteindre leur appareil, il était parmi les premiers à énoncer l'idée de montage à la prise de vues pour ce nouveau médium qu'était alors la « photographie animée ». De toute évidence, Hepworth apprenait à faire des films sur le tas et, comme beaucoup d'autres pionniers, découvrait des manières de procéder dont réalisateurs et scénographes feraient plus tard des formules. Les films d'artistes des récentes années se sont particulièrement attachés aux idées avancées au début du cinéma et aux expériences menées à cette époque. Si le paradigme griffithien nous a menés au long métrage de fiction, c'est uniquement parce que ce genre était à la fois le plus commercial et le plus littéraire. Jusqu'au début des années 1920, d'autres modèles, dont celui des frères Lumière, lui ont fait concurrence. L'intérêt que l'on porte aujourd'hui à ces idées tient en partie au désir de mesurer l'influence des toutes premières expériences cinématographiques sur l'avant-garde et d'échapper au rouleau compresseur du cinéma commercial. Chez Mark Lewis, il est aussi un rappel non seulement de ce que le cinéma a été dans le passé, mais de ce qu'il peut encore devenir.

Commençons par son plus récent film, *Smithfield*. Lewis y décrit un lent panoramique autour d'une boutique ou d'un bureau vide en rez-de-chaussée. Une femme de ménage balaie le plancher tandis que la caméra descend en piqué à l'extérieur, changeant les angles, captant l'image à travers les vitres pour nous offrir une vue saisissante, en trois dimensions, de ce travail qu'elle accomplit comme une automate. Dans ce film qui tient tout entier sur une seule bobine, comme les premiers courts métrages des frères Lumière, Lewis se délecte avec un plaisir presque enfantin du glissement de la caméra, de la richesse des couleurs et de l'excitation qu'on éprouve à saisir ainsi le mouvement. Par sa banalité même, l'image rend quelque chose de l'émerveillement qu'ont éprouvé les premiers cinéastes devant les possibilités de

such as interactive media and the Internet certainly appears to form a convincing challenge to cinema and television's dominance of entertainment. Just like painting, however, cinema is unlikely to disappear. It can respond effectively by shifting the ground of its attention, by becoming critical, intelligent and aware of its past in the new world of dazzling, technological, special effects media. Part of this process is happening now as visual artists increasingly tackle film as a social phenomenon and film history as a source of new ideas. Lewis' work is fundamental here.

From his earliest film *Two Impossible Films* he has grounded his work in film history, or, perhaps more accurately, in its unrealised possibilities. *Two Impossible Films* is based on two moments where, if you like, film history failed to turn. The first involves Sergei Eisenstein's plan, post-1924, to make a feature-length film version of Marx's *Das Kapital*. Little is known of his intentions for the film apart from some disparate notes. The plan was vetoed in its early stages by Joseph Stalin, perhaps aware that a popular exegesis of Marx might not show his economic plans in too good a light. Having unearthed this story, Lewis wanted to (re)make the film that was never made but quickly realised the impossibility of the project. At the same time, another story from the film archives crossed his path. Samuel Goldwyn, the greatest of early film producers, had travelled to Vienna in the 1920s to visit Sigmund Freud and ask him to write a screenplay for a love story – 'to get the greatest love story from the world's most famous doctor of love', as Goldwyn explained his mission. Perhaps predictably, Freud rejected the offer, refusing even to see Goldwyn in his hotel. These two unmade (impossible) films became the starting point for Lewis' project. Keeping to the coherence of the idea, meant, of course, that they could never be made. Their power rested not in their actualisation but in their potential, each enthusiast imagining his own film in his head. Already thinking in terms of the 'part cinema', Lewis' *Two Impossible Films* became two grand, big-budget opening sequences with full animated credits, plot teasers, environmental establishing shots, character introductions and everything up to the opening lines – followed by a straight fade to black. Three texts ('Story Development', 'Dramatic Conflict', 'Temporary Resolution') fill in the 90 minutes of the film and then either straight to rolling credits, black on white, or, in the case of Capital, a short filmed coda before the credits. The story has been cut out but the clues to its progress hang in the air. The viewer, frustrated perhaps, is left to respond with wit and imagination and the simplicity of the original proposals remains in potential. This is a classic strategy of conceptual art applied to

leur nouveau jouet. *Smithfield* nous fait redécouvrir ce que nous avons perdu à notre époque de surenchère médiatique et montre comment le contexte de l'art peut nous aider à porter sur les images animées un regard plus attentif.

Lewis pose comme prémisse que le cinéma, en tant que moyen privilégié d'expression artistique pour les masses, entre dans sa phase terminale. Car il semble bien que la prolifération des nouvelles technologies numériques, tels les médias interactifs et Internet, soit sur le point d'ébranler la suprématie du cinéma et de la télévision dans le domaine du divertissement. Pas plus que la peinture, toutefois, le cinéma ne semble appelé à disparaître. Et il peut réagir, retrouver une nouvelle vigueur, en déplaçant l'attention, en devenant critique, intelligent et conscient de son passé dans l'univers technologique, étourdissant, des effets spéciaux. Il le fait déjà, en partie, grâce aux artistes visuels qui, de plus en plus, abordent le film comme phénomène social et l'histoire du film comme source de nouvelles idées. Le travail de Lewis est, ici, fondamental. Depuis *Two Impossible Films*, son premier film, il a ancré son œuvre dans l'histoire du cinéma ou, à vrai dire, dans ses possibilités irréalisées.

Two Impossible Films prend appui sur deux moments qui auraient pu marquer un tournant historique. Le premier a trait au projet, formulé par Sergei Eisenstein après 1924, de tourner un long métrage sur le Capital de Marx. On en sait peu sur ce projet, mis à part quelques notes éparses. Mais on sait que Joseph Staline y a opposé son veto, par crainte peut-être qu'une exégèse populaire de Marx ne jette un éclairage défavorable sur son propre programme économique. Ayant déterré cette histoire, Lewis voulut (re)faire le film qui n'avait jamais été fait, pour se rendre bien vite compte de l'impossibilité de la chose. Au même moment, il est tombé sur une autre histoire dans les archives cinématographiques. Samuel Goldwyn, le plus grand producteur des débuts du cinéma, s'était rendu à Vienne dans les années 1920 pour demander à Sigmund Freud d'écrire le scénario d'une histoire d'amour – « la plus grande histoire d'amour, racontée par le plus célèbre spécialiste de l'amour au monde », disait Goldwyn. Comme on pouvait s'y attendre, Freud rejeta cette offre et refusa même de rencontrer Goldwyn à son hôtel. Ces deux films irréalisés (impossibles) devinrent le point de départ du projet de Lewis. Mais, en toute logique, ils ne devaient pas être réalisés non plus. Leur pouvoir résidait non dans leur actualisation, mais dans leur potentialité, dans le fait qu'ils laissaient à qui le voulait bien le loisir d'imaginer son propre film dans sa tête. Lewis, qui pensait déjà selon les paramètres du « cinéma en pièces », commence donc *Two*

the narrative and extremely maximalist character of Hollywood film, but it is also learnt from the techniques of early film-making, modified by a knowledge of its subsequent history.

3. Taking a film for a conceptual walk – film and spectacular culture

Cinema is a spectacle, indeed *the* spectacle of the last hundred years. If previous generations used fairs, rituals, public games and even executions to induce states of trance and collective fantasies, then we use the cinema. It conveys extremes of emotion, it is disorientating, terrifying, emotional and action-packed. It was and is still our most popular art form. The spectacle of cinema, and its penetration through television into the lives of increasing numbers of people around the globe, makes it impossible to ignore. It has shaped our understanding not just of culture but politics, society and every form of collective and individual consciousness. We are its products, as much as it is ours.

If this analysis of the influence of the silver screen (and its small, domestic equivalent) is to be believed, we are in some senses in thrall to the moving image. Its hegemony defines our age and, if we are to purchase some critical distance from the seductiveness of the projection, then we need voices who attempt to deal with its facturing, its presentation and its power over us. This is where the recent explosion of visual art interest in cinema has been detonated, in this simultaneous immersion in and suspicion of the ubiquitous moving image. For Lewis, whose work is informed by a rich understanding of the relationship between art and film (or film and culture more generally), the fascination with film and the fear of it go hand in hand. It is too attractive, too compelling *to ignore*; yet, at the same time, it needs to be dissected, cut up and shown to the world so that we may begin to observe what is going on and why, rather than hurtle blindly on to the final denouement.

As an artist who initially trained in photography and studied with Victor Burgin, Lewis' trajectory has always been critically focused on the meaning and semiology of images. His earlier staged photoworks and public art pieces looked at the legacy of public statuary in post-communist Europe, finally resulting in a film, made with Laura Mulvey, called *Disgraced Monuments*. His shift from these works to the 'part cinema' of *Two Impossible Films*, *A Sense of The End* and beyond is, on one level, a move from east to west, from the system of signs under socialism to a parallel system of signs under capitalism. One sequence in *A Sense of The End* illustrates this more than any

Impossible Films comme un film à gros budget, par deux magnifiques séquences d'introduction, avec générique, séquences accrocheuses, plans de situation, présentation des personnages et tout l'emballage habituel jusqu'aux premières répliques, puis s'arrête sur un fondu au noir. Trois intertitres (développement de l'histoire, conflit dramatique, résolution temporaire) suggèrent les 90 minutes du film, qui se clôt ensuite par un générique déroulant en noir sur blanc ou, dans le cas du Capital, par une brève coda filmée avant le générique. L'histoire a été retranchée mais il reste des indices pour qui veut bien s'en servir. Frustré peut-être, le spectateur en est quitte pour répondre avec intelligence et imagination. Dans leur simplicité, les propositions originales conservent toutes leurs promesses. Voilà une stratégie classique de l'art conceptuel, appliquée à la forme narrative et extrêmement maximaliste du film hollywoodien – une stratégie puisée aussi dans les techniques des débuts du cinéma, modifiée par la connaissance de son évolution.

3. Promenade dans l'ordre conceptuel : le film et la société du spectacle

Le cinéma est un spectacle, le spectacle des cent dernières années. Si nos ancêtres se servaient des foires, des rituels, des jeux publics et même des exécutions pour nourrir leurs fantasmes collectifs ou entrer en transe, nous, nous nous servons du cinéma. Le cinéma nous transporte, nous bouleverse, nous terrifie, il nous fait passer par tous les stades de l'émotion, nous plonge dans l'action. Il a été et est encore notre forme d'art la plus populaire. Nous ne pouvons échapper à ce spectacle, que la télévision apporte quotidiennement à un nombre toujours croissant de personnes à travers le monde. Le cinéma a façonné notre compréhension de la culture et de la politique, de la société et de toute forme de conscience collective et individuelle. Nous en sommes le produit autant qu'il est le nôtre. S'il faut en croire cette analyse de l'influence du grand (et du petit) écran, nous sommes à bien des égards esclaves de l'image animée. Son hégémonie définit notre époque, et si nous voulons nous payer le luxe d'un certain recul critique pour nous soustraire à sa séduction, nous avons besoin de voix qui en analysent la facture, la présentation et le pouvoir sur nous. C'est probablement cette immersion dans l'omniprésente image animée en même temps que la méfiance à son égard qui ont amené tant d'artistes visuels à s'intéresser au cinéma récemment. Pour Lewis, dont l'œuvre est façonnée par une riche compréhension des rapports entre l'art et le film (ou entre le film et la culture en général), fascination et peur du cinéma vont de pair. Le cinéma est irrésistible, trop attirant pour être ignoré. En

other. Shot amongst the trashed, decaying, post-industrial monuments of Glasgow, the ending starts with the camera panning across a row of faces gathered at a graveside, some weeping, some shuffling uncomfortably. Next a classic, British cinema version of a Scots trade union leader rallies his striking workforce. There follows a whole series of incompatible valedictory statements about his complicity in corruption, his complicated personal life and his acknowledged achievements for the working class. This is 'a sense of the end', not just for this part of the film but for the ideas of this fictional hero and, perhaps by imaginative extension, for the possibility of politics leading film into areas of radical expression. *A Sense of The End* consists of a series of such classic endings of imaginary films. Quoting melodramatic B-movies, structuralist film, Godardian jump cuts and the classic TV movie finale of text summations describing the fictional characters' future, the work spans the genres from big-budget cinema to made-for-TV fillers. Identifying the ending as, in Lewis' words, 'one of the pure inventions of cinema', allows him to strip away unnecessary narrative content and to offer a measure of independent judgement to the viewer. This latter ambition is in great contrast to the obsessive desire to close all deals and resolve all conflicts at the end of most Hollywood films. Lewis' works, like *A Sense of The End* and also *After (Made for TV)* are at their most radically conflictual with mainstream cinema simply because they refuse to complete themselves. This aspect is also, importantly, where they come closest to historic visual art strategies of high conceptualism and minimalism. Here is Lucy Lippard in 1970:

'Deliberately low-keyed art often resembles ruins, like neolithic rather than classical monuments, amalgams of past and future, remains of something more, vestiges of some unknown adventure. The ghost of content continues to hover over the most obdurately abstract art. The more open, or ambiguous, the experience offered, the more the viewer is forced to depend upon his own perceptions.'
Lucy Lippard, *Six Years: the dematerialisation of the art object from 1966 to 1972*, University of California Press, 1997.

In these terms, Mark Lewis is working on the beginnings of the ruins of cinema, or perhaps prefiguring its destruction. That he does so while using the seductiveness of the medium and the full range of cinemascope, 35 mm clarity and large screen projection, adds to an awareness of the sense of loss. The spectacle is shifting elsewhere, while the viewer is having to accept a changed sense of responsibility for him or herself.

même temps, nous avons besoin de le disséquer, de le découper et de le montrer au monde pour commencer à comprendre ce qui s'y passe au lieu de nous précipiter aveuglément vers le dénouement.

En tant qu'artiste formé à l'école de la photographie et auprès de Victor Burgin, Lewis a toujours porté un regard critique sur la signification et la sémiologie des images. Ses premières « mises en scène » photographiques et interventions en art public traitaient du legs de la statuaire dans l'Europe post-communiste et l'ont mené à la réalisation d'un film, *Disgraced Monuments*, avec Laura Mulvey. En passant ensuite au « cinéma en pièces », d'abord avec *Two Impossible Films* et *A Sense of The End*, Lewis passait en quelque sorte de l'Est à l'Ouest, du système de signes dans le régime socialiste à un parallèle système de signes dans le régime capitaliste. Une séquence de *A Sense of The End* illustre ce passage mieux que toute autre. Au milieu des monuments post-industriels, saccagés et en ruines de Glasgow, la caméra fait d'abord un panoramique sur une rangée de personnes rassemblées au cimetière, des personnes en larmes ou qui dissimulent mal leur embarras. Puis, un syndicaliste écossais, typique des syndicalistes écossais représentés par le cinéma britannique, harangue des travailleurs en grève. Vient ensuite toute une série de courts extraits incompatibles qui laissent supposer sa complicité dans une affaire de corruption, des complications dans sa vie personnelle et ce qu'il a accompli pour la classe ouvrière. On pressent la fin, non seulement de cette partie du film, mais aussi des idées de ce héros fictif et, peut-être par un prolongement de l'imagination, la fin d'une ère où l'on a cru possible que la politique radicalise le cinéma. *A Sense of The End* consiste en une succession de fins classiques pour des films imaginaires. Par des clins d'œil au mélodrames de série B, au film structuraliste, aux faux raccords à la Godard et à la finale des films conçus pour la télévision, où l'on résume ce qu'il advient des personnages, il embrasse tous les genres, depuis le long métrage à gros budget jusqu'au complément de programme télévisé. Reconnaître la fin comme « l'une des pures inventions du cinéma » permet à Lewis de dépouiller le film de tout contenu narratif inutile et d'offrir au spectateur le loisir de juger par lui-même. Voilà qui tranche avec l'obsession hollywoodienne de conclure et de résoudre tous les conflits. Les œuvres de Lewis, telles *A Sense of The End* et *After (Made for TV)*, s'opposent radicalement au cinéma dominant simplement parce qu'elles refusent la complétude. C'est aussi, chose importante, en cela qu'elles se rapprochent le plus des plus hautes motivations conceptuelles et minimalistes en arts visuels. Voici ce qu'écrivait Lucy Lippard en 1970 :

4. The sculpture of cinema (not only the burghers of Hollywood)

If Hollywood is one critical pole around which Lewis' work revolves, the staging of film and the architectural language of its consumption is another. Public film screenings in the theatrical setting of a cinema and domestic viewing on a television are seen as formal choices for watching moving images that limit potential ways of viewing and understanding the work. Breaking this constriction, and trying to deliver another, more flexible experience has therefore become a running motif in the work. For *After (Made for TV)*, Lewis wrote a complete film script and then filmed only those moments after a dramatic scene or emotional exchange between characters. The work is shown as a large-scale wall projection, the video projector sitting on the floor of the gallery and the beam starting at the foot of the wall. Significantly, there are no chairs nor any obvious invitation to sit down and relax in front of the images. The impression on the viewer is both classically cinematic and slightly disorientating. The image is large enough to be totally seductive but the illusion is destroyed by the projector being is so obviously part of the viewers' space and the fact that the image can be interrupted physically by standing in front of the lens. The confusion is compounded by the fact that this 'made for TV' film is shown projected rather than on a monitor. Lewis' intention by doing this is to switch the expectations of 'high' and 'low' film genres. Where TV movies are seen as the poor, trashy cousin of feature film, they are actually responsible for many of the innovations in film-making, with young directors trying to make their name and able to experiment more openly within the less costly and less anxiously monitored form. Another piece, *The Pitch*, inverts the relationship between TV and film. On screen, a single figure (the artist) delivers a pitch for a movie idea about 'Extra Extra' a film solely featuring extras and shot in cinemascope and with as big a budget as possible. Formally, the image is presented on a large TV standing on an anonymous corporate table. Neither domestic nor public in presentation, the sculptural quality of the work appears insignificant and yet it serves to make the viewers aware of the physical nature of how this work might be viewed, were it to be an actual pitch. The casual nature of the viewing, perhaps in a producer's office, the ability simply to ignore much of the content and the desperate need to get his message across, seen etched on the face of the 'pitcher', all conspire to tell us something about the nature of the film industry and perhaps the genesis of those many film projects that have become so significant in our lives. Much as the 'part cinema' idea highlights the techniques of film and television making, so the physical

« L'art délibérément sobre ressemble souvent à des ruines, des ruines du néolithique plutôt que des monuments classiques, amalgames du passé et du futur, restes de quelque chose de plus, vestiges d'une aventure inconnue. Le fantôme du contenu plane encore sur l'art le plus obstinément abstrait. Plus l'expérience proposée est ouverte ou ambiguë, plus le spectateur se voit forcé de se fier à ses propres perceptions. » (Lucy Lippard, *Six Years : The dematerialisation of the art object from 1966 to 1972*, University of California Press, 1997)

Ainsi, Mark Lewis travaille sur les premières ruines du cinéma. Ou, peut-être, en préfigure-t-il la destruction. Qu'il le fasse en exploitant la puissance séductrice de ce médium et toute la gamme des moyens qu'offrent le cinémascope, la précision du 35 mm et la projection sur grand écran ne fait qu'accentuer la conscience de ce que nous perdons. Le spectacle se transporte ailleurs, laissant au spectateur la responsabilité de le reconstruire.

4. La sculpture du cinéma (pas seulement les bourgeois d'Hollywood)

Si Hollywood est l'un des pôles de l'axe critique autour duquel tourne l'œuvre de Lewis, le mode de présentation du film et le langage architectural de sa consommation en est un autre. Lewis considère les projections publiques dans le décor théâtral des salles de cinéma et les projections chez soi, à la télévision, comme des choix formels qui restreignent les manières de voir et de comprendre les images animées. Briser ce cadre étouffant et proposer une expérience plus ouverte est donc devenu l'un des motifs courants de son œuvre. Pour *After (Made for TV)*, il a écrit un scénario complet et n'a ensuite filmé que les moments qui succèdent à une scène dramatique ou à un échange chargé d'émotion entre les personnages. Le film est projeté sur un mur, par un vidéoprojecteur posé sur le plancher de la galerie, et le faisceau lumineux part de la base du mur. Fait significatif, il n'y a pas de fauteuil dans la pièce et rien n'invite à s'arrêter et à se détendre en regardant les images. Le spectateur a donc l'impression d'assister à une projection cinématographique classique et néanmoins légèrement déroutante. En effet, bien que l'image soit suffisamment grande pour séduire son regard, il ne peut s'abandonner entièrement à l'illusion puisque le projecteur fait manifestement partie de son espace à lui et qu'il peut interrompre le film en se plaçant devant le faisceau lumineux. À cela s'ajoute le fait que ce film « conçu pour la télévision » n'est pas présenté sur un téléviseur mais projeté sur un mur. Lewis espère ainsi intervertir les définitions des genres « majeurs » et « mineurs » au cinéma. Car, bien que le téléfilm soit considéré comme le parent pauvre du long métrage, on lui

presentation draws attention to its consumption, by executives as much as paying customers. *Centrale* is a rather different proposition. The minimalist sculptural qualities that occupy the concerns of *After (Made for TV)* and *The Pitch* inhabit the view through the camera lens in this short, silent piece. *Centrale* lasts the length of one roll of 35mm film, a feature of other works such as *Smithfield* and a reference back to the stationary recording of actuality pioneered by Cecil Hepworth and other early film experimenters. The camera focuses on a street scene observed through a window. Two people stand near each other, apparently waiting and exchanging small talk. Odd things however, start happening in the background. Cars seem to drive through one another, figures walk right to left across the screen, only to disappear halfway and return crossing left to right some seconds later. The communication between the two main protagonists seems strangely unanimated. The man says nothing but twitches nervously and plays with his hair, his collar, and his trouser pockets. The woman never quite catches his eye, never addresses him directly and never reacts to his anxious pacing. Whether you work out that one side of the window is a mirror is less important than the curiosity of the sequence. In part surrealist, the work hangs on the old definition of film as 'a cinema of attractions' or what Fernand Léger describes as a 'matter of making images seen', rather than following patterns taken from theatre or literature. In capturing a little of that early avant-garde fascination for cinema, Lewis provokes yet again a reappraisal of the history of cinema, its methods of presentation and the uniqueness of some aspects of its language.

5. I'm not saying what you think I'm saying

The Pitch, of course, is not a real attempt to interest a film producer. The culture of 'pitching' is so ingrained into the ecology of the Hollywood studio system that it is almost naturalised as a way of providing and evaluating new ideas. To premiere the work in Los Angeles, as Lewis did in 1998, provided it with an immediately recognisable context and an ironically appreciative audience. Outside of that city, however, the work takes on other, more art historical references. As a proposal, it conforms to the post-utopian art of today, where art can be seen as a service offered in response to a specific sets of problematics rather than the universal project of the old avant-garde. As a proposal also, the work quite beautifully completes itself in its making. The slow zooming out of the camera from the original focus on the speaker to the final image of him alone in a crowd of expectant travellers/extras, is the fulfilment of the idea of the work. There is an extraordinary coherence between form and content, reflecting, in Lewis' most narrative work, the

doit néanmoins beaucoup d'innovations filmiques, puisque c'est grâce à ce médium peu coûteux, auquel la critique est moins attentive, que bien des jeunes réalisateurs ont pu expérimenter et se faire un nom.

Une autre œuvre, *The Pitch*, inverse le rapport entre la télévision et le cinéma. À l'écran, une personne (l'artiste) essaie de vendre l'idée d'un film, *Extra Extra*, qui ne mettrait en scène que des figurants et serait tourné en cinémascope, avec le plus gros budget possible. L'image apparaît sur un grand téléviseur posé sur une table dans une entreprise anonyme. Dans ce contexte qui n'est ni public ni privé, le caractère sculptural de l'œuvre paraît peu important, mais il incite néanmoins à se demander comment le boniment de ce vendeur serait perçu dans la réalité. La désinvolture de la présentation, peut-être dans le bureau d'un producteur, la capacité d'ignorer une bonne part du contenu et le besoin désespéré de convaincre que trahit le visage de cet homme qui essaie de « vendre » son projet, tout cela concourt à nous dire quelque chose sur la nature de l'industrie cinématographique et, peut-être, sur la genèse des nombreux films qui ont marqué nos vies. Tout comme la notion de « cinéma en pièces » fait ressortir les techniques de fabrication dans le domaine du film et de la télévision, le mode de présentation de l'œuvre attire l'attention sur la manière dont les films sont consommés, tant par les dirigeants de l'industrie que par les spectateurs qui paient leur billet. *Centrale* formule une proposition passablement différente. Lewis transpose dans les images mêmes de ce court film muet les qualités sculpturales, minimalistes, dont il avait fait le propos d'*After (Made for TV)* et *The Pitch*. Comme *Smithfield* et d'autres films de Lewis, *Centrale* ne dure que le temps d'une bobine de pellicule et rappelle ainsi les plans fixes préconisés par Cecil Hepworth et d'autres expérimentateurs du cinéma pour l'enregistrement des actualités. La caméra est placée devant une fenêtre au travers de laquelle on voit une rue. Deux personnes, debout, ont l'air d'attendre tout en bavardant. Des choses bizarres commencent toutefois à se produire à l'arrière-plan. Des automobiles semblent entrer l'une dans l'autre, des gens marchent de droite à gauche de l'écran puis disparaissent à mi-chemin et réapparaissent, marchant de gauche à droite, quelques secondes plus tard. La communication entre les deux protagonistes devient singulièrement inanimée. L'homme ne dit rien mais joue nerveusement avec ses cheveux, son col de chemise et ses poches de pantalon. La femme ne réussit jamais à attirer tout à fait son attention, ne s'adresse jamais directement à lui, ne réagit jamais à sa présence. Même si on en arrive à comprendre que l'un des côtés de la fenêtre est un miroir, c'est

overriding significance of the formal and the visual in his production, as well as confounding the earnestness of his pitch in the first place. Speech, language and the theatrical model are shown to be false guides to the intention of the piece and we come back again to the unique ease with which moving images can tell a story in pictures.

6. To remake or not to remake
'The death of Hitchcock marks the passage from one era to another... I believe we are entering an era defined by the suspension of the visual... I don't think we'll have the strength to make cinema much longer.'
Jean-Luc Godard, 1980, quoted in 'Hall of Mirrors', *Art and Film since 1945*, MoCA, Los Angeles, 1996

The death of cinema makes it possible to feed on its corpse. The emotive nature of this statement does not mask its truth, at least if we look at the recent history of artists working with (and remaking) films from the classic era of Hollywood. Contemporary art is constantly revisiting the sites of cinema from the photographs of Cindy Bernard to the remakes of Pierre Huyghe and, in reverse homage, the extraordinary frame for frame reshoot of *Psycho* by movie director Gus van Sant. Importantly, Lewis' films, while having the appearance of remakes, are not based on exact duplications of any one movie. The closest he comes is in *Upside Down Touch of Evil*, where he films the continuous opening shot of Orson Welles' *Touch of Evil*. The scene from the first close-up of the bomb's timer, through the vertiginous soaring of the camera over the heads of the Charlton Heston and Janet Leigh stand-ins, to the moment before the explosion of the bomb and the start of the narrative is restaged and shot upside down. Details are changed (dogs replace goats and the lovers crucially get to complete their kiss rather than leap apart at the bomb's detonation) but the essential atmosphere of the original is recaptured in its entirety – except everything is recorded upside down, not simply flipped through 180 degrees in the camera, but filmed, edited and projected in defiance of gravity. Lewis makes the crucial point that film is upside down anyway. The mechanism of the camera flips the image through the lens and it is only subsequent optical devices that restore it to a more usual orientation for the cameraman. So, in some ways, his remake is more true to the eye of the camera than the original. Furthermore, in exhibition, its orientation becomes another way of drawing attention to the presence of the camera and the radical techniques of Welles' direction. Each impossible swoop upwards or downwards is magnified by the loss of an easy narrative to follow; the traverse

d'abord et avant tout la curiosité de la scène qui importe. Cette œuvre partiellement surréaliste s'accroche à une vieille définition du film comme « attraction », ou au « cinéma pur » de Fernand Léger pour qui le film n'était qu'un moyen de faire voir des images, plutôt qu'à des modèles empruntés au théâtre ou à la littérature. En captant un peu de cette fascination de la première avant-garde, Lewis nous invite une fois encore à réévaluer l'histoire du cinéma, ses modes de présentation et l'originalité de certains aspects de son langage.

5. Je ne dis pas ce que vous pensez que je dis
The Pitch ne vise évidemment pas à intéresser un producteur. Le « baratin » a si bien pris racine dans l'écosystème des studios hollywoodiens qu'il est devenu un moyen tout naturel de proposer et d'évaluer de nouvelles idées de films. En choisissant Los Angeles pour la première de ce film en 1998, Lewis le plaçait dans un contexte facilement reconnaissable, et son auditoire en apprécia l'ironie. Hors de cette ville, toutefois, le public en comprend davantage les références à l'histoire de l'art. À titre de proposition, *The Pitch* s'inscrit bien dans notre époque désillusionnée où l'art, débarrassé des utopies, peut être considéré comme un service offert en réponse à un ensemble particulier de problématiques, plutôt que comme le projet universel de la vieille avant-garde. À titre de proposition aussi, il réalise magnifiquement l'idée même qui le porte. La caméra recule lentement pour nous montrer l'orateur, non plus seul mais au milieu d'une foule de voyageurs qui attendent, et qui sont peut-être des figurants. Il y a dans ce film – le plus narratif de Lewis – une extraordinaire cohérence de la forme et du contenu, qui traduit l'importance suprême du formel et du visuel dans sa production et fait douter du sérieux de l'orateur. *The Pitch* montre qu'il faut se méfier du discours, du langage et du modèle théâtral, et nous ramène à cette facilité déconcertante avec laquelle les images animées peuvent raconter une histoire.

6. Refaire ou ne pas refaire
« La mort de Hitchcock marque le passage d'une époque à une autre. [...] Je crois que nous entrons dans une ère définie par la suspension du visuel [...] Je ne pense pas que nous aurons la force de continuer à faire du cinéma bien longtemps. »
Jean-Luc Godard, 1980, cité dans 'Hall of Mirrors', *Art and Film since 1945*, MoCA, Los Angeles, 1996

Le cinéma étant mort, nous pouvons nous nourrir de son cadavre. Toute émotive qu'elle soit, cette affirmation n'en est pas moins vraie, du moins quand on pense aux nombreux artistes qui, aujourd'hui, se réapproprient (et refont) des films de

of camera across, up and over the street becomes a series of smoothly choreographed movements in space; the final kiss, where the camera lingers long enough to comprehend the image, is now a moment of visual fulfilment rather than the start of the narrative film proper.

Remakes, in their concern with recycling and the retrieval of images, as well as their reference to the power of translation as a creative act in its own right, are a hugely significant element within contemporary culture. *Upside Down Touch of Evil* and *Peeping Tom* call on this understanding of remakes for part of their authority. However, they also subvert the code of the remake, adding something new, in terms of content as well as context. Lewis draws attention to the cinematic apparatus in a way that connects these films closely with all his other work. The pieces also seek to trigger our individual memories of particular films and of the magnitude of film's influence on daily life. In *Peeping Tom*, arguably Lewis' most complex work to date, the relationship between the film, memory and reality spirals away from the conception of the project. A documentary film by a fictional character Mark Lewis, remade by the artist of the same name; a remake of a film that was never made in the first place, a film that is premised on the murder of the subjects of another film including the suicide of the director, a director who then manages to complete post-mortem post-production; and always the fascination of the gaze, looking and being looked at in equal measure – all these impossible conundrums must be held in suspension for the film to be (re)made by Mark Lewis, the artist. Its presentation sets real time and film time on their heads. As Olivier Zahm says in relation to Pierre Huyghe's *Les Incivils*: 'reality no longer seeps into film, rather filmic images have become a generative element of reality.' In Lewis' *Peeping Tom* the complexities are redoubled as reality becomes the actual making of the fictional documentary, the conceit is the idea of the remake and the result is a post-modern cut-up narrative of a startlingly seductive quality.

7. Radical

In 1989, the artist and AIDS activist David Wojnarowicz said, 'I'm beginning to believe that one of the last frontiers left for radical gestures is the imagination.' For Lewis, 11 years on but informed by the failure of overtheorised art in the 1980s, the radical gesture is, in one sense, simply a refusal to make movies. His productions may borrow the form but they fail to deliver the narrative, the suspense or the character development. They require a more ambivalent, open viewer than feature film, just as they reflect back on earlier models of film production and the

l'époque classique d'Hollywood. L'art contemporain revisite constamment les lieux du cinéma, comme en témoignent les photographies de Cindy Bernard et les remakes de Pierre Huyghe et, en hommage inversé, l'extraordinaire reconstitution plan par plan de *Psycho* (*Psychose*) par le réalisateur Gus van Sant. Il importe toutefois de souligner que les films de Lewis, s'ils ont l'apparence de remakes, ne se veulent des répliques exactes d'aucun film particulier. Celui qui s'apparente le plus à une réplique est sans contredit *Upside Down Touch of Evil*, qui reproduit la longue séquence d'introduction du *Touch of Evil* d'Orson Welles. Toute la scène, qui va du premier gros plan sur le détonateur de la bombe jusqu'au moment qui précède l'explosion et le début de l'histoire, en passant par le vertigineux survol de la caméra au-dessus des personnages que l'on croit être Charlton Heston et Janet Leigh, est recrée et filmée à l'envers. Certains détails ont changé – des chiens remplacent les chèvres et, fait important, les amants s'embrassent longuement au lieu de desserrer brusquement leur étreinte quand la bombe explose – mais l'atmosphère essentielle de l'original demeure, sauf que tout a été enregistré à l'envers, pas seulement en faisant faire à la caméra une rotation de 180 degrés, mais filmé, monté et projeté au mépris des lois de la gravité. Lewis fait valoir cet argument capital que l'image filmique est toujours à l'envers: le mécanisme de la caméra l'inverse dans l'objectif et ce n'est que par de subséquents dispositifs optiques qu'il lui redonne une orientation plus familière. Ainsi, à certains égards, ce remake est plus fidèle que l'original à ce que voit la caméra. En outre, le fait qu'il soit projeté à l'envers attire encore plus l'attention sur la présence de la caméra et l'originalité de la réalisation de Welles. Chaque mouvement vers le haut ou vers le bas paraît d'autant plus impossible qu'on ne saisit pas la trame linéaire du récit; le glissement de la caméra d'un côté à l'autre puis au-dessus de la rue compose une subtile chorégraphie dans l'espace; le baiser final, sur lequel la caméra s'attarde assez longtemps pour que nous comprenions l'image, devient une conclusion visuelle plutôt que le commencement de l'histoire.

Par son souci de recouvrer et de recycler les images, autant que par son affirmation du pouvoir créateur de la traduction, le remake s'affirme comme un élément extrêmement important de la culture contemporaine. *Upside Down Touch of Evil* et *Peeping Tom* fondent une part de leur autorité sur cette conception du remake. Mais ils en subvertissent aussi le code, y ajoutent du nouveau, sur le plan du contenu aussi bien que du contexte. Lewis attire l'attention sur la machine cinématographique d'une manière qui relie étroitement ces films à toutes ses autres œuvres. Ces films nous ramènent aussi à la mémoire d'autres films et nous

social and economic reasons that finally privileged narrative film. In the end they also serve a simple function – to pay homage to the innovations of so many film directors, some known and others obscure, who, though their individual innovations, helped make film the most influential medium of the last century. We are in their collective debt, as well as under their sway.

font prendre toute la mesure de l'influence du cinéma dans la vie quotidienne. Dans *Peeping Tom*, probablement son œuvre la plus complexe jusqu'à maintenant, Lewis déploie en spirale le rapport entre le film, la mémoire et la réalité. Projet de documentaire par un personnage fictif du nom de Mark Lewis, refait par l'artiste du même nom; remake d'un film qui ne fut jamais réalisé, et qui prend pour point de départ le meurtre des personnages d'un autre film, y compris le suicide du réalisateur, un réalisateur qui réussit ensuite à en achever la production après sa propre mort; et toujours, la fascination du regard, voir et être vu dans une égale mesure — toutes ces impossibles énigmes à garder irrésolues pour le film que (re)fera Mark Lewis l'artiste. Sa présentation renverse le temps filmique et le temps réel. Ainsi qu'Olivier Zahm l'expliquait à propos des *Incivils* de Pierre Huyghe, la réalité ne s'infiltre plus dans le film, ce sont plutôt les images filmiques qui deviennent un élément générateur de réalité. Dans le *Peeping Tom* de Lewis, cette complexité se redouble du fait que la réalité est la réalisation d'un documentaire fictif, la prétention, l'idée du remake, et le résultat, un collage narratif post-moderne d'une saisissante séduction.

7. Radical

En 1989, l'artiste et militant dans la lutte contre le sida David Wojnarowicz affirmait commencer à croire que l'imagination est l'un des derniers territoires où l'on puisse poser un geste radical. Onze ans après, mais ayant tiré les leçons de l'échec de la sur-théorisation de l'art dans les années 1980, Lewis pose que le simple refus de faire des films est, en un sens, un geste radical. Ses productions empruntent peut-être la forme, mais écartent le récit, le suspense ou l'analyse psychologique des personnages. Ils s'adressent à un spectateur perplexe, plus ouvert que le public du long métrage, tout comme ils renvoient aux modèles cinématographiques antérieurs et aux motifs sociaux et économiques qui ont finalement privilégié le film narratif. En dernier ressort, ils remplissent aussi une simple fonction : celle de rendre hommage à tant de cinéastes, célèbres et obscurs, qui par leurs innovations ont contribué à faire du film le moyen d'expression le plus influent du dernier siècle. Nous leur sommes tous redevables, et ils nous tiennent sous leur emprise.

Charles Esche is a writer and curator. He is a Research fellow at Edinburgh College of Art and Editor of *Afterall* art journal.

Auteur et conservateur, **Charles Esche** est chargé de recherche à l'Edinburgh College of Art et rédacteur en chef de la revue d'art *Afterall*.

Being Mark Lewis: *Peeping Tom* – The Director's Cut
Steven Bode
1460 words

Dans la peau de Mark Lewis :
***Peeping Tom*, découpage personnel**
Steven Bode
1453 mots

Sharing a name with one of cinema's most notorious psychopathic killers doesn't seem to have done the artist/film-maker Mark Lewis any noticeable harm. It probably helps, of course, that Lewis' namesake, the dysfunctional voyeuristic hero of Michael Powell's classic *Peeping Tom*, never really captured the popular imagination like other movie monsters of the past – someone going through life with the name of Norman Bates may not have had quite such an easy time. Yet, for anyone immersed in the language and history of cinema (and this Canadian-born, British-based artist should certainly be numbered in these ranks), the Mark Lewis moniker has a special significance – as the archetypal example of the film-maker-as-murderer, in whose hands the camera becomes both an agent and an instrument of death. If, like Lewis, you are an artist whose film-based works are predicated on a notion that cinema itself is going through its own final throes, you could hardly be gifted a more resonant name.

The Mark Lewis of *Peeping Tom* is, in reality, something of a cipher (the Josef K of film); a vehicle for Powell and scriptwriter Leo Marks' own mordant examination of what one might call the pathology of the cinematic gaze. Rarely has the desire-to-look which underlies so much of the cinematic psyche been so closely shadowed by feelings of neurosis, affliction and abuse, manifested in spasms of violence which implicate both film-maker and audience alike. If Mark's method of dispatching his victims (with a long metal spike at the end of his camera) wasn't symbolic enough, the addition of a mirror on which each victim is forced to view their terrified last gasps really presses the point home. Even today, *Peeping Tom* remains an extremely difficult film to watch – in part for the extraordinary portentousness of much of the action and dialogue, which, despite the film's recent critical rehabilitation, has most definitely not aged well. That said, Powell and Marks do, however, succeed in introducing a psychological complexity that is remarkable for a movie of its time, locating the origin of Mark's psychosis in his own traumatic childhood, as the subject of a series of experiments conducted by his behavioural psychologist father, who, in an ongoing exploration of the roots of fear and aversion, turns the boy into an object of study, filming him constantly.

Mark turns this baleful, obsessive gaze out onto the world. His twin occupations (as a camera assistant at a film studio and as a moonlighting glamour photographer) mean that he is rarely without a camera in his hand. Even then, much of the rest of his time seems to be given over to filming, collecting material for a project he refers to, at times, as kind of documentary, at others

Porter le nom de l'un des tueurs psychopathes les plus notoires du cinéma ne semble pas avoir été préjudiciable à l'artiste et cinéaste Mark Lewis. Il faut dire que l'homonyme de Lewis, le voyeur désaxé dont Michael Powell a fait le héros de son classique *Peeping Tom*, n'a jamais captivé l'imagination populaire autant que d'autres monstres cinématographiques du passé (une personne du nom de Norman Bates, par exemple, n'aurait peut-être pas eu la vie aussi facile). Néanmoins, pour quiconque s'absorbe dans l'étude du langage et de l'histoire du cinéma – ce qui est certainement le cas de cet artiste canadien installé en Grande-Bretagne –, le nom de Mark Lewis revêt une signification particulière. Car Mark Lewis est l'archétype même du cinéaste-assassin dans les mains duquel la caméra devient à la fois présage et instrument de mort. Si, comme Lewis l'artiste, vos films se fondaient sur l'idée que le cinéma lui-même agonise, vous ne pourriez avoir reçu de nom plus évocateur.

Le Mark Lewis de *Peeping Tom* est un personnage codé (le Joseph K. du film), un conduit par lequel Powell et son scénariste Leo Marks transmettent leur caustique analyse de ce que l'on pourrait appeler la pathologie du regard au cinéma. Rarement, le désir de voir par lequel on explique une bonne partie du psychisme cinématographique s'est-il fait aussi menaçant que dans ce film; rarement a-t-il été à ce point associé à des sentiments de névrose, de détresse et d'agression, manifestés dans des accès de violence dont le cinéaste et son public deviennent eux-mêmes complices. Si la manière dont Mark expédie ses victimes (avec la longue pointe de métal sortant du trépied de sa caméra) n'était pas assez symbolique, le miroir dans lequel chacune est forcée de se regarder mourir réussit à nous convaincre. Même aujourd'hui, *Peeping Tom* reste un film extrêmement difficile à supporter – en partie à cause de l'extraordinaire solennité de la plupart des gestes et des dialogues qui, malgré la récente réhabilitation critique du film, a mal vieilli. Cela dit, Powell et Marks ont néanmoins réussi un film d'une complexité psychologique remarquable pour l'époque, en ancrant la psychose de Mark dans les traumatismes de son enfance – cette période où son père, psychologue behavioriste, se servait de lui pour mener ses expériences sur les origines de la peur et de l'aversion et, ce faisant, le transformait en sujet d'étude, sans cesse traqué par la caméra.

Mark renvoie ce regard maléfique et obsédant vers le monde. À cause de sa double profession (d'assistant caméraman dans un studio de cinéma le jour et de photographe de pin-ups le soir), il se départit rarement de sa caméra. En outre, il semble consacrer presque tous ses temps libres à colliger des images pour un

as a work of fiction. However he might describe it, Mark works at it compulsively, locking himself away in his studio, sifting through the footage he has amassed. Gradually, as the range of material expands from images of the women that he stalks and murders to shots of the police pursuing the case, we realise that Mark's film is actually a last testament or confession – one which, amongst an agony of remorse and self-loathing, he seems increasingly desperate to conclude.

It is this film-within-a film (*Peeping Tom*, as it were, by Mark Lewis) that Mark Lewis, the artist, has set about re-creating. Lewis, of course, is able to allow himself an unusual degree of licence since Mark's film, although often cited as close to completion, never actually surfaces (except as a series of rushes) within Powell's *Peeping Tom*. In a way, it is interesting to think of it as the movie's unconscious – driving the action forward, while remaining largely invisible. It reveals itself, however, in glimpses and in fragments, such as the handheld camera-eye sequences, recording Mark's encounters with some of his victims, which recur at various points in the movie – images which, because of the terrible hold they exert over his imagination, almost certainly would have made it into Mark's final cut. In his version of the Mark Lewis film, Lewis the artist, as in other earlier projects, has, in effect, re-made these sequences, returning to the original London locations or, when needed, building highly convincing replica sets. Although each of the scenes conforms exactly, in its rhythm and its framing, to its counterpart in the Michael Powell film, Lewis takes matters one step further by generating additional footage based on shots that we see Mark filming but which never actually figure within *Peeping Tom*.

Although it takes its cue, at all times, from the details and clues provided by the Powell original, Lewis' *Peeping Tom* offers something more than a meticulous shot-by-shot re-construction. In place of the black-and-white footage that is used to establish Mark's point-of-view, Lewis has substituted the vivid, almost febrile colours of Powell's overall palette – as if to recognise Mark's own pretensions as an auteur. Lewis also dispenses with period accuracy (assimilating contemporary details within an overriding 'retro' feel) and ditches the time-line in which Mark shoots each of the individual scenes, producing a five-and-a-half-minute work (all fades, flashbacks and cross-cuts) of dazzling intricacy. His *Peeping Tom* is less of an exercise in seeing through Mark Lewis' eyes than an attempt at getting into Mark Lewis' head, haunted by the looks and faces of his victims, who hover apparitionally over Mark's own death-scene, which Lewis has taken the liberty of adding in after the fact. Played out in

projet qu'il qualifie tantôt de documentaire, tantôt d'œuvre de fiction. Mais quelle que soit la manière dont il décrive ce film, Mark y travaille compulsivement, enfermé dans son laboratoire, à passer au crible les séquences qu'il a amassées. Progressivement, au fur et à mesure que s'accumulent les images des femmes qu'il traque et tue et celles des policiers menant l'enquête, nous nous rendons compte qu'il écrit ainsi son testament, sa confession – une confession que, accablé de remords et dégoûté de lui-même, il souhaite de plus en plus désespérément terminer.

C'est ce film-dans-le-film (celui que tourne le Mark Lewis de Powell) que Mark Lewis l'artiste a entrepris de recréer. Lewis peut, bien sûr, s'y octroyer une latitude exceptionnelle puisque Powell ne nous montre jamais, sinon sous forme de rushes, le film que son Mark Lewis se dit souvent sur le point d'achever. Chose intéressante, ce film pourrait bien être, en un sens, l'inconscient de *Peeping Tom* – ce qui fait avancer l'action tout en demeurant généralement invisible. Cette part refoulée se révèle cependant, par bribes et fragments, notamment dans les séquences des rencontres avec certaines victimes, tournées en caméra subjective, qui reviennent à différents moments dans le film – des images que, à cause de la terrible emprise qu'elles exercent sur son imagination, Mark aurait certainement retenues au montage final. Pour sa version du film de Mark Lewis, Lewis l'artiste, comme il l'a fait antérieurement, re-tourne ces séquences, retourne là où le film a été tourné à Londres ou, au besoin, construit des répliques de décors hautement convaincantes. Quoique chaque scène se conforme, par le rythme et le cadrage, à son équivalent dans le film de Powell, Lewis va un peu plus loin en ajoutant des séquences que nous voyons Mark filmer mais qui n'ont jamais figuré comme telles dans *Peeping Tom*.

Bien qu'il emboîte littéralement le pas au Mark Lewis de Powell, Lewis l'artiste nous offre davantage qu'une reconstruction méticuleuse, plan par plan, de l'original. Aux séquences en noir et blanc qui servaient à établir le point de vue de Mark, il substitue les couleurs vibrantes, presque fiévreuses, de la palette de Powell, comme pour reconnaître la prétention de Mark au titre d'auteur. Il rejette aussi tout à la fois la fidélité historique (en absorbant les détails contemporains dans une ambiance rétro) et l'ordre chronologique dans lequel Mark a tourné ses scènes, pour produire une oeuvre de cinq minutes et demi (où alternent fondus et retours en arrière) d'une saisissante complexité. Son *Peeping Tom* est moins un exercice pour voir avec les yeux de Mark qu'une tentative pour entrer dans sa tête, dans cet esprit

eerie silence, and projected at cinematic scale, Lewis' *Peeping Tom* possesses an unsettling and strangely affecting power.

It also provides an intriguing twist to ideas surrounding the 'part cinema' which distinguish much of Lewis' work. While previous projects (*Two Impossible Films, A Sense of The End, Upside Down Touch of Evil*) have investigated the grammar of cinematic conventions such as closing titles, intro sequences etc, *Peeping Tom* breaks new ground in performing an excavation of a hidden, notional element within an existing work of cinema. Where Lewis' earlier pieces detach or 'partition' a particular component element from the main body of an historical or imaginary film (as if better to study their own inherent formal logic), *Peeping Tom* is more explicit in highlighting how the part not only invokes but directly modulates the whole. In this, much of Lewis' *modus operandi* offers a clear conceptual echo of Powell and Marks' own psychoanalytic methodology – looking beyond the surface manifestation for a deeper, underlying cause. Or perhaps the mortuary atmosphere of *Peeping Tom* provides a better metaphor – a technique that is closer to that of the pathologist: anatomising, dissecting; re-constructing the total picture from fragmentary traces of evidence.

The analogy fits with Lewis' own repeated assertions that we must come to think of cinema in the past tense: as a centenarian medium that has ossified into a series of highly conventional genres and modes; the historical nature of which allows each in turn to be disinterestedly and evenhandedly approached as subjects of creative enquiry. In this way, Lewis can return to the celebrated, virtuoso tracking-shot which opens Orson Welles' *Touch of Evil*, and reproduce it move-for-move in a stand-in location (Vancouver), with similar production-values, props and extras – only to invert the camera, in reference to von Sternberg's apocryphal lament that he wished he could edit his material upside-down because it wouldn't allow plot to get in the way of aesthetic (*Upside Down Touch of Evil*). Or, he can enjoy the pleasures of creating a number of highly evocative end-scenes across a gamut of formula genres, without bothering to shoot the rest of the story (*A Sense of The End*). Or, he can go even further back, evoking the spirit of the Lumière Brothers' single-reel shorts, in optical *divertissements* like his recent *Centrale*. If, as Lewis suggests, the formal and intellectual arguments that used to rage within the discourse of cinema have, in effect, run their course, it may not be so much an occasion of mourning as one of quiet liberation. As Lewis and other like-minded visual artists are proving, in a series of powerful and arresting film works specifically intended for the gallery, some of that original

hanté par le regard et le visage de ses victimes qui reviennent, tels des fantômes, planer sur la scène de sa propre mort, scène que Lewis a pris la liberté d'ajouter après coup. Projeté sur grand écran, sinistrement muet, le *Peeping Tom* de Lewis dérange en même temps qu'il émeut.

Il intrigue aussi, par l'éclairage nouveau qu'il jette sur cette notion de « cinéma en pièces » qui distingue la plupart des œuvres de Lewis. Alors que dans ses films précédents (*Two Impossible Films, A Sense of The End, Upside Down Touch of Evil*), l'artiste décortiquait la grammaire des conventions filmiques tels le générique de fin et les séquences d'introduction, dans *Peeping Tom*, il fouille une œuvre cinématographique existante pour en dégager un élément conceptuel, caché. Alors qu'auparavant, il démembrait un film réel ou inventé pour en isoler une partie (et ainsi mieux en comprendre la logique interne et formelle), dans *Peeping Tom*, il illustre plus explicitement comment la partie non seulement évoque mais module le tout. En cela, son protocole d'intervention fait clairement écho à la méthode psychanalytique de Powell et Marks – rechercher, sous la surface, une cause sous-jacente, profonde. Ou, peut-être, l'atmosphère funèbre de *Peeping Tom* fournit-elle une meilleure métaphore : une technique plus proche de celle du pathologiste, qui consiste à découper, à disséquer, puis à reconstituer les événements à partir de fragments, d'indices parcellaires.

Cette analogie cadre avec l'affirmation maintes fois répétée de Lewis selon laquelle il nous faut penser le cinéma au passé; le penser comme un moyen d'expression centenaire, ossifié, figé en des modes et des genres hautement conventionnels qui, à cause de leur caractère historique, se prêtent maintenant à une analyse désintéressée et impartiale, mais créative. Ainsi Lewis peut-il revenir au célèbre et éblouissant travelling par lequel s'ouvre *Touch of Evil* (*La soif du mal*) d'Orson Welles et le reproduire, mouvement par mouvement, dans un autre lieu (Vancouver), avec accessoires et figurants, selon les mêmes critères de production – seulement pour le filmer à l'envers, en se réclamant de von Sternberg qui, dit-on, aurait souhaité faire le montage de ses films à l'envers parce qu'ainsi l'intrigue ne gênerait pas l'esthétique (*Upside Down Touch of Evil*). Ou bien, il peut s'amuser à créer un certain nombre de scènes finales hautement évocatrices, choisies dans toute une gamme de genres cinématographiques, sans avoir à filmer le reste de l'histoire (*A Sense of The End*). Il peut même remonter plus loin encore, jusqu'à l'esprit des courts métrages d'une seule bobine des frères Lumière, dans des « divertissements » optiques tel son

vision and invention continues to thrive, albeit in a slightly altered context and form. It goes to show that while all good things must eventually come to an end, some of their original spirit can often survive, in a different setting or under a different name. Or, in the case of Mark Lewis, with a name that is itself a reminder of the ghosts of cinema past.

récent *Centrale*. Si, comme le dit Lewis, la querelle qui faisait rage sur la forme et la fonction du cinéma est maintenant terminée, nous ne devrions pas le déplorer mais nous en réjouir, et saisir là l'occasion d'une libération tranquille. Ainsi que Lewis et d'autres artistes visuels comme lui le prouvent dans une série de films d'une grande puissance, conçus expressément pour la galerie d'art, une part de cette vision originale et de cette invention continue à fleurir, quoique sous une forme et dans un contexte légèrement différents. Cela démontre que si toute bonne chose a une fin, l'esprit qui l'animait à l'origine peut néanmoins survivre, en d'autres lieux ou sous un autre nom. Ou, dans le cas de Mark Lewis, sous un nom qui lui-même réveille les fantômes du cinéma d'hier.

Steven Bode is Director of Film and Video Umbrella in London. He has curated a number of large-scale exhibitions of artists' work with film and video, including the group shows, 'Video Positive '97: Escaping Gravity', 'Airport' and 'Video Positive 2000: The Other Side of Zero'.

Directeur de la Film and Video Umbrella de Londres, **Steven Bode** a organisé plusieurs grandes expositions de films et vidéo d'artistes, dont Video Positive '97 : Escaping Gravity, Airport et Video Positive 2000 : The Other Side of Zero.

Notes on Some Impossible Films
Catherine Pavlovic
1720 words

Notes sur quelques films impossibles
Catherine Pavlovic
1784 mots

It is hard to avoid the conclusion that a major part of the production of contemporary images is closely linked to film, or at least to what might be called a cinematic effect. This effect can be described as a syntax which has its source in motion pictures and which we instinctively recognize as such. For better or worse, this syntax is influencing systems of representation as diverse as art, television, and advertising. With its production and distribution context removed, film can simply be taken as an object in the cultural field and integrated into various strategies of representation. Elements perceived as strictly cinematic, such as setting, film editing and type of shot, can be used in isolation for their intrinsic power and potential. These elements, ordinarily subordinated to the unfolding of the story, allow viewers to keep their distance from the all-absorbing power of the narrative.

These observations can serve as an introduction to aspects of Mark Lewis' work which touch on the meaning of film and its modes of representation. Using fragmentation as his methodology, Lewis dissects the constituents of film and extracts the purely cinematic components, thereby calling attention to inventions that derive directly from motion pictures. With *Two Impossible Films*, Lewis has made a film that suggests various standpoints from which to look at film credits and their form and meaning. Despite what its title suggests, *Two Impossible Films* is in fact a single work that constitutes a typology of the various kinds of credits and thus facilitates an analysis of their meaning and functions.

It is a reasonable assumption that film credits are immediately recognised and interpreted as such by viewers, and consequently are viewed in the context of the characteristic grammar of films. Credits are presented as an element which both indicates everything that contributes to producing a film and underscores the physical reality of that contribution. By designating the hierarchical, many-faceted system on which every film is based, the credits underscore the legal and commercial constraints that operate in the film industry.

In the syntax of film, the opening and closing credits are clearly distinguished from one another in both form and function. Credits at the beginning of a film indicate an intermediate state, a moment that separates the enclosed space of the movie from the space in which life outside the movie goes on. Opening credits provide an introduction that allows the audience in the movie theatre to get ready to enter the world of the film. At the same time, they display a certain hierarchy in the production system; they usually mention the director, the producer, the title,

Il est facile d'admettre qu'une grande part de la production d'images contemporaines entretient des liens étroits avec le cinéma et plus précisément avec ce que l'on pourrait qualifier d'un « effet cinéma ». Cet effet pourrait se définir comme une syntaxe, issue du cinéma et instinctivement reconnue comme telle, qui contamine des systèmes de représentation aussi divers que l'art, la télévision ou la publicité. Soustrait à son contexte de production et de diffusion, le cinéma peut être simplement pris comme un objet du champ culturel et être ainsi intégré dans diverses stratégies de représentation. Dans cette perspective, les éléments perçus comme propres au cinéma, tels que le décor, le montage, la prise de vue, peuvent être traités isolément pour leur pouvoir autonome et leur propre potentiel. Ces éléments, n'étant plus subordonnés au déroulement du récit, permettent au spectateur de se maintenir à distance du pouvoir absorbant de la narration.

Ces quelques observations permettent d'introduire quelques aspects du travail de Mark Lewis qui touche au sens du film et à ses modes de représentation. Suivant une logique de fragmentation, Mark Lewis dissèque les constituants du film pour en extraire les composants propres au cinéma et il attire ainsi notre attention sur des inventions directement issues du cinéma. Avec *Two Impossible Films*, il réalise un film qui traite, au moyen de diverses propositions, de la forme et du sens du générique. Contrairement à ce que nous suggère le titre, *Two Impossible Films* constitue en réalité une seule œuvre qui propose une variété typologique de génériques où leur sens et leur fonction sont analysés.

On peut raisonnablement admettre que le générique est immédiatement lu et reconnu comme tel par le spectateur et, par conséquent, qu'il s'inscrit dans une grammaire propre au cinéma. Il se présente comme l'élément qui met en évidence autant qu'il matérialise l'ensemble de la production du film. En désignant le système hiérarchisé et hétéroclite qui est à la base de chaque film, le générique souligne les exigences légales et commerciales en vigueur dans l'industrie cinématographique.

Dans la syntaxe du film, le générique de début et le générique de fin se distinguent clairement, que ce soit dans leur forme ou dans leur fonction. Placé en début du film, il indique un entre-deux, un instant qui sépare l'espace de la vie extérieure de l'espace clos du film. Le générique est alors une introduction, permettant au spectateur, dans la salle de cinéma, de véritablement s'installer pour pouvoir entrer dans le film. En même temps, il met en évidence une certaine hiérarchie du

the different sources that contributed to the creation of the film, and the names of some of the stars. The closing credits show what has gone into the physical production of the film. Whether the credits are at the beginning or the end, their purpose could in fact be served by a simple scrolling text.

Opening credits, however, particularly in high-budget films, tend to be treated as an independent entity which is perceived as a sign of the film within the film. This notion serves as a jumping-off place for the development of *Two Impossible Films*, in which Lewis adopts the system of representation used for the credits in high-budget films, while questioning the interference created by the moving text as it overlays the succession of images, and vice versa.

In the second half of *Two Impossible Films*, *Das Kapital*, Lewis presents a series of references that might have been used in writing the script. The references are varied, and their coherence is difficult to verify and at times suspect. Viewers' first impression is that the film supposedly being introduced will offer a reinterpretation of the work of Karl Marx based on an idea for a film by Sergei Eisenstein – *Notes for a Film of Capital* – based on a scenario adapted from James Joyce's *Ulysses* and Baudelaire's *Le Spleen de Paris*. All these components can in fact be found in the film written and produced by Lewis. The accumulation of references makes it difficult to discern the order of the ideas, or their relationship. In terms of images, neither the scenes presented nor the way the film is edited make the credits any easier to interpret. Against a background of socio-economic discourse, we vaguely discern a sombre tale of conspiracy, but the connection between story and backdrop is unclear. In the end, viewers can project anything they wish onto the credits and, to an even greater extent, onto the film that will never be screened. The ambiguity of interpretation continues in the closing credits, in which Lewis mingles concrete elements, such as the various sources of support that enabled him to make the film, with fictitious elements like the Moscow film crew, which never existed, since no scenes were actually shot in Russia.

It is also interesting to note that the two titles chosen, *Das Kapital* and *The History of Psychoanalysis* (adapted from the complete works of Freud), refer to subjects that are in no sense novelistic. This clarifies Lewis' intention to make movies from which anything resembling narrative is absent. If we imagine ourselves in two separate films, it is because we identify Lewis' work (in its treatment of image, text and even soundtrack) as two sets of credits, and so we reconstruct the same interpretive framework as for a classical film. If we pay close attention to the

système de production. En ouverture du film sont généralement mentionnés le réalisateur, le producteur, le titre, les différentes sources à partir desquelles le film a été réalisé ainsi que les noms de quelques stars. Quant au générique de fin, il rend lisible tout ce qui entre dans la réalisation matérielle du film. Placé au début ou à la fin, la fonction du générique pourrait, en fait, être accomplie par un simple défilement du texte.

Pourtant, le générique de début, particulièrement dans les films à gros budget, tend à être traité comme une partie autonome qui est alors perçue comme un signe du film dans le film. C'est à partir de ce constat que s'élabore *Two Impossible Films*. Dans cette œuvre, Mark Lewis reprend le système de représentation des génériques de films à gros budget mais en questionnant les interférences provoquées par la succession du texte sur le cours des images et réciproquement.

Dans la seconde moitié de *Two Impossible Films*, *Das Kapital*, Mark Lewis fait défiler tout une série de références qui pourraient avoir servi à l'écriture du script. Les références sont variées et leur cohérence, difficilement vérifiable, semble souvent équivoque. On pense d'abord que le film qui est supposé suivre nous proposera une relecture de l'oeuvre de Karl Marx basée sur l'idée d'un film de Sergei Eisenstein - *Notes for a Film of Capital* -, le tout à partir d'un scénario dramatique adapté à la fois de *Ulysses* de James Joyce et de *Le Spleen de Paris* de Baudelaire. Tous ces éléments se retrouvent dans le film écrit et réalisé par Mark Lewis. L'accumulation de références rend la succession des idées et, plus encore, leur mise en relation assez difficile. Du point de vue de l'image, les scènes représentées autant que le montage ne rendent pas la lecture du générique plus éclairante. Sur fond de discours socio-économique, il nous semble distinguer une sombre histoire de complot sans qu'un lien entre les deux soit évident. Finalement, chacun peut projeter ce qu'il veut à la fois dans le générique lui-même et, peut-être surtout, dans le film qui ne sera jamais visible. L'ambiguïté de la lecture se poursuit dans les génériques de fin puisque Mark Lewis mêle des éléments concrets, comme les divers soutiens qui lui ont permis la réalisation de son œuvre, avec des éléments fictifs tels que l'équipe du tournage moscovite puiqu'aucune scène n'a été réalisé en Russie.

Il est également intéressant de noter que les deux titres choisis, d'une part *Das Kapital*, et d'autre part, *The History of Psychoanalysis*, adapté des oeuvres complètes de Freud, renvoient à des sujets qui n'ont rien de romanesque. Ceci permet de préciser le propos de Mark Lewis qui est bien de

editing of *Two Impossible Films*, however, we can clearly see a unity of treatment: in the simplest instance, in the way the supposed narrative development of each film is handled. Everything that smacks of action or story line is merely written on a black background: Story Development, Dramatic Conflict, Temporary Resolution, Roll End Credits/Fade-Up from Black. Using this procedure, Lewis establishes a structure that on one hand isolates the credits and emphasises their independence, and on the other, connects the two films structurally to form a single work.

In *A Sense of The End*, Lewis, following the logic of an established cinematographic grammar that is recognisable to viewers, offers a collection of scenes that are identifiable as final sequences of films. So that there can be no doubt, each film clip concludes with the familiar 'The End'. While this image serves to isolate each scene from all the others, it also accentuates the archival character of the work. This is a work that plays on the diversity of genres as well as of historical periods, and experiments with the feeling of *déjà-vu* more than with the notion of recognition. Viewers' first reaction is to wonder about the source of a certain film clip; little by little, they come to understand that these are not fragments of pre-existing films but footage shot by Lewis himself.

Lewis' editing makes use of the fragmentary nature of the individual scenes to call attention to the way we are most likely to remember movies. What ordinarily stays with us from a film is rarely the film as a whole, but rather a few isolated shots or scenes. Lewis is also trying to emphasise a certain reading of cinematographic history, in the sense that a film clip and sometimes even a still photograph can be sufficient to signify the totality of a film. The moments he selects are comprehensible precisely because of the existence of an overall cinematic culture that enables us to interpret these components and put them in context. At the same time, viewing his films involves a shift in perspective, since what is presented is not, in fact, parts of future films, but a single film that is sufficient unto itself. In a sense, the history of motion pictures can be perceived as an experiment in the way stories are told, with the potential to institutionalise a set of codified attitudes. Movies thus become a sort of storehouse of roles to be played and a catalogue of attitudes that come to pervade many different fields of representation. Television plays a crucial role in this respect, since it is probably the most important means of disseminating and reappropriating different expressions first developed in the movies, which through repetition have become clichés.

faire des films en effaçant tout ce qui est de l'ordre de la narration. Si nous nous projetons dans deux films distincts, c'est bien parce que nous identifions l'oeuvre de Mark Lewis (par le traitement de l'image, du texte et même de la bande son) comme étant deux génériques et de ce fait nous reproduisons le même schéma de lecture que pour un film classique. Toutefois, si nous prêtons attention au montage de *Two Impossible Films*, nous constatons bien une unité de traitement. Il suffit de penser à la façon dont est traité le supposé développement narratif de chacun des films. Tout ce qui est de l'ordre de l'action ou de l'histoire est simplement inscrit sur un fond noir : « Story Development » , « Dramatic Conflict » , « Temporary Resolution » , « Roll End Credits » /« Fade-Up from Black » . En procédant ainsi, Mark Lewis pose une structure qui lui permet d'une part d'isoler les génériques, d'en accentuer leur autonomie, et d'autre part de lier structurellement les deux films en une seule œuvre.

Poursuivant cette logique d'une grammaire cinématographique établie et reconnaissable par le spectateur, Mark Lewis propose dans *A Sense of The End* une collection de scènes qui sont reconnues comme des séquences de fin de film. Afin qu'il n'y ait aucun doute possible, chaque séquence se termine par la fameuse inscription « The End ». Si cette image permet d'isoler simultanément chaque scène l'une de l'autre, elle accentue aussi le caractère de répertoire de l'œuvre. L'ensemble qui nous est présenté joue aussi bien sur la diversité des genres que sur celle des périodes historiques. Plus que l'idée de reconnaissance, ce film joue avant tout avec le sentiment de déjà-vu. Dans un premier temps, le spectateur se pose la question de la provenance de telle ou telle séquence. Puis peu à peu, il comprend qu'il ne s'agit en fait pas de films existants, mais bien de séquences tournées par Mark Lewis.

Le montage de Mark Lewis joue volontairement sur le caractère fragmentaire de chacune des scènes et souligne d'une certaine façon la manière dont on se souvient probablement d'un film. Ce qu'il nous reste la plupart du temps d'un film c'est rarement sa totalité mais bien quelques plans ou scènes isolées. Mark Lewis tente également de souligner une certaine écriture de l'histoire cinématographique dans le sens où un extrait, parfois même une photographie, suffit à signifier la totalité d'un film. Les moments qu'il choisit sont compréhensibles justement parce qu'il existe une culture globale du cinéma qui permet de lire et de situer ces éléments. En même temps, ses films instaurent une certaine distance dans la lecture puisque ce qui nous est présenté, ce n'est justement pas des parties de films à venir, mais bien un film qui se suffit à lui-même.

This is, of course, the aspect treated in *After (Made for TV)*. As its title suggests, this film presents itself as a by-product or sub-genre of filmmaking, which is generally the status of movies made for TV. To make the movie, Lewis shot only scenes that supposedly take place after the action is completed. The scenes selected play intentionally on the obviousness of the special effects and the banality of the actors' histrionic efforts. The film editing manages to suggest the existence of a film whose soundtrack has simply been erased. In a way, the effect produced is similar to that of a trailer or preview. If we ignore the commercial considerations that give rise to previews in the first place and force them to be so short, our initial impression is of a series of film clips that allow viewers to create their own version of the 'coming attraction'. While a preview must convey the atmosphere of the film, it does not necessarily follow the order of the original story. This describes approximately what viewers experience when they watch *After (Made for TV)*, except that the coming attraction never comes.

The treatment and function of previews are a kind of extension of the ideas contained in *Two Impossible Films*. A preview maintains both a direct connection with the film and a certain distance from it. It is a promise of the film to come, but is treated as an independent element in itself. The same principle of ambivalence can describe Mark Lewis' works. They are a direct outgrowth of the movies, yet are defined outside of them. In his films, everything works toward encouraging viewers to distance themselves and find their own position in relation to the work. Distance is achieved by suppressing the narrative and its power to absorb, but is also physically perceptible through the context and mechanism of presentation, which intentionally breaks with any reference to the actual movie theatre. By such means, Mark Lewis sets in motion a series of strategies that presuppose viewers' active participation in his work.

Catherine Pavlovic is an art historian who lives and works in Geneva. She is currently a curator at MAMCO (Musée d'art moderne et contemporain) in Geneva.

Historienne de l'art, **Catherine Pavlovic** est conservatrice au Musée d'art moderne et contemporain de Genèva.

Dans un sens, l'histoire du cinéma peut être perçue comme une recherche sur la façon de raconter des histoires, qui peut aboutir à instaurer tout un ensemble d'attitudes codifiées. Le cinéma devient alors comme un réservoir de rôles à jouer et un répertoire d'attitudes qui se répandent dans différents champs de la représentation. La télévison joue ici un rôle déterminant puisqu'elle est probablement le moyen le plus important de diffusion et de reprise de différentes expressions élaborées d'abord au cinéma et qui, à force d'être répétées, en deviennent des clichés.

C'est bien cet aspect qui est traité dans le film *After (Made for TV)*. Comme son titre le suggère, ce film se présente comme un sous-produit du cinéma, ce qui est généralement le propre des téléfilms. Mark Lewis réalise ce film en tournant uniquement les scènes qui se situent après que l'action se soit déroulée. Les scènes choisies jouent volontairement sur l'évidence des effets comme sur la banalité du jeu des acteurs. Quant au montage, il est réalisé de manière à suggérer l'existence d'un film dont la narration a été simplement effacée. En un certain sens, l'effet produit est assez proche de la bande-annonce. En effet, si l'on exclu l'impératif commercial duquel est issu la bande-annonce, et par conséquent sa durée très brève, celle-ci se présente d'abord comme un montage à partir duquel le spectateur doit pouvoir se projeter le film à venir. La bande-annonce doit transmettre une certaine atmosphère du film et ne respecte pas forcément le déroulement de l'histoire dont elle est pourtant issue. C'est un peu le sentiment que l'on a à la vision de *After (Made for TV)* à l'exception majeure toutefois, que le film à venir ne sera jamais visible.

Le traitement et la fonction de la bande-annonce prolonge d'une certaine façon les idées contenues dans *Two Impossible Films*. En effet, la bande-annonce maintient autant une relation directe au film qu'elle s'en éloigne. Elle est la promesse du film à venir, et en même temps, elle est traitée en soi comme un élément autonome. Ce même principe d'ambivalence peut, en quelque sorte, caractériser les oeuvres de Mark Lewis. Ses œuvres sont directement issues du cinéma et pourtant elles se définissent hors du cinéma. Dans ses films, tout est mis en œuvre pour inciter le spectateur à adopter une certaine distance et à chercher sa propre position par rapport au travail. Cette distance par rapport au cinéma n'est pas seulement obtenue par l'effacement du pouvoir absorbant de la narration, elle est aussi physiquement perceptible par le contexte et le dispositif de présentation qui, volontairement, rompt avec toute référence à la salle de cinéma. Ainsi, Mark Lewis met en place un ensemble de stratégies qui suppose une participation active du spectateur dans son travail.

Pages 45–54

Trying not to make films that are too long
Interview with Mark Lewis by Jérôme Sans
4212 words

Essayer de ne pas faire des films trop longs
Entrevue avec Mark Lewis, par Jérôme Sans
4390 mots

Jérôme Sans: Why is it that so many artists are working with film today?

Mark Lewis: I think there are several reasons. Technically, the development of compact, good-quality video projectors has allowed for a gallery simulacrum of cinematic projection without all the hassle of running a film projector. This has obviously encouraged artists to develop work that, intellectually, had already been evident for some time. I think we can see that film is now in a situation not too dissimilar to painting at the beginning of the century. We know that the question is not whether to paint in one style or another but to acknowledge that all styles exist simultaneously and on top of a monochrome. To paint, as Duchamp put it, is to choose from a number of existing possibilities.

When we look now at film or the cinema we can observe something quite familiar. From its birth, there was an antagonism between the development of narrative forms (under the rubric of Griffith/Eisenstein montage) and other models such as those suggested in the writings of Artaud or Moholy-Nagy, or in the possibilities hinted at the by the Lumiére Brothers' projections of single unedited reels of film. These alternative strategies were further developed by the avant-garde. Quite clearly the antagonism that characterised this development in film has been negated and we can see in this the lack of a defining *look* of artists' films in the way that there still might have been in the early 1970s.

So if we now affirm that film has become historical it is simply to suggest that its historical projects, which pivoted around a *belief* in one type of film or another, are at an end. To make film now is to make something without believing in film, or its *a priori* ability to transform consciousness, or in really knowing if it will still exist tomorrow. Cinema is no longer a modern invention, it has very little connection to the zeitgeist. If one wants to theorise in these terms, then clearly first television, followed by video and now other kinds of electronic and digital media have, in turn, usurped the place of cinema. Indeed it is, in part, because of the development and pervasive introduction of these newer technologies that it is now possible to think of film as past, to understand it, that is, as historical. Film has become just another medium, with its own genres and techniques available for artists and others to use. And we can now talk about its failure to be all the things that the avant-garde and other utopian thinkers wanted it to be.

JS: How and when did you yourself come to use film as medium in your art practice?

Jérôme Sans: Pourquoi y a-t-il aujourd'hui tant d'artistes qui travaillent avec le film ?

Mark Lewis: D'après moi, il y a plusieurs raisons à ce phénomène. Techniquement, la mise au point de projecteurs vidéo compacts, de bonne qualité, a permis de présenter en galerie un simulacre de cinéma sans toutes les complications qu'amène le fonctionnement d'un projecteur de films. Cela a évidemment incité les artistes à réaliser des œuvres qui, intellectuellement, s'imposaient déjà depuis quelque temps. Je pense que le film n'est plus dans une situation très différente de celle où se trouvait la peinture au début du siècle. Nous savons que la question n'est pas de peindre dans tel ou tel style, mais de reconnaître que tous les styles existent simultanément et par-dessus un monochrome. Peindre, comme disait Duchamp, c'est choisir parmi un certain nombre de possibilités.

Le cinéma est devenu pour nous très familier. Dès sa naissance, il y a eu antagonisme entre le développement de formes narratives (sous l'influence du montage à la Griffith ou à la Eisenstein) et d'autres modèles, suggérés notamment dans les écrits d'Artaud ou de Moholy-Nagy, ou dans les possibilités que laissaient entrevoir les projections, par les frères Lumière, de simples bobines de pellicule non montée. L'avant-garde a ensuite exploré ces stratégies. De toute évidence, l'antagonisme de la première heure a disparu et le film d'artiste ne se définit plus par sa facture, son « look », comme il le faisait encore au début des années 1970.

Si nous affirmons aujourd'hui que le film est devenu historique, c'est simplement pour dire que ses projets d'autrefois, qui s'articulaient autour de la foi en un type de film ou un autre, ont fini leur cours. Faire un film aujourd'hui, c'est faire quelque chose sans croire au film, sans croire qu'il peut a priori transformer la conscience, et sans même savoir s'il existera encore demain. Le cinéma n'est plus une invention moderne, il n'a plus grand-chose à voir avec l'esprit de notre époque. Si l'on veut théoriser ainsi, de toute évidence, la télévision d'abord, puis la vidéo, et maintenant d'autres genres de médias électroniques ou numériques ont, l'un après l'autre, usurpé la place du cinéma. De fait, c'est en partie à cause du perfectionnement et de la présence envahissante de ces nouvelles technologies qu'il est maintenant possible de penser le film au passé et de le comprendre, c'est-à-dire de le comprendre comme historique. Le film n'est plus qu'un moyen d'expression parmi d'autres, avec ses genres et ses techniques, à la disposition des artistes et de ceux qui veulent s'en servir. Et nous pouvons maintenant discuter du fait qu'il n'a pas réussi à être tout ce que l'avant-garde et d'autres penseurs utopistes voulaient qu'il soit.

ML: How I 'came to film' perhaps illustrates something of the changes in the position of film with regards to art which I have just been talking about. At art school, I deliberately avoided film workshops and classes (though I read 'film theory') because I hated the way that in order to work with film you had to 'believe' in film, in its privilege and importance. I was at college at the end of the 70s and the beginning of the 80s, a period that I now think co-incides with the end of film and the very end of its avant-garde. It was probably this sense of an ending, though nobody really thought of it as such at the time, that gave particular passion to the belief in film. I think that I only started to work with film once it had become possible to do so without believing in it in this way.

JS: But why film, what about video or digital technologies?

ML: Making a film exacts a particular way of working, and this has become increasingly important to me. Though my films are short, they are made very much in the way a commercial organisation would make a feature film: I use 35mm cameras, extensive lighting, cranes, sets, special effects – you could say that my manner of working is the exact opposite of the 'Dogme method'. I believe that working in this very structured way has a number of implications on making art, particularly around the question of authorship.

Since its invention, the question of signature seems to have hovered uneasily over film's corpus. Immediately there was the problem of how to assign a proper name to a film, when film seemed to be the very exemplification of image-making in the age of industrial manufacture. The idea of 'the auteur' was an attempt to establish some sense of continuity with this traditional idea of signature. But given that it was retrospectively applied to film-makers who worked almost exclusively within a commercial machine designed for profit and efficiency and that gave very little real 'control' per se to the director, we can see how complicated this assignation is. This relationship to authorship and collective labour is quite different, I think, than in other industrial manufacture models for art: i.e the fabrication paradigm, where artists take their plans and drawings to professionals in order to get them built. In film, though the plan may be very precise, the crew interprets this plan through the director who remains actively involved at every stage of production. And through this interpretation and dialogue with the director, the collective labour of the film crew transforms the work. This transformation often happens through the accidents that appear in the spaces between the plan and its interpretation.

JS: Comment et quand en êtes-vous venu à utiliser le film comme moyen d'expression dans votre pratique artistique ?

ML: La manière dont « je suis venu au film » illustre peut-être quelque chose de ces changements dans la position du film par rapport à l'art dont je viens de parler. À l'école d'art, j'ai délibérément évité les ateliers et les cours de cinéma (bien que j'aie lu sur la « théorie du cinéma ») parce que je détestais l'idée que, pour travailler avec le film, il faille croire au film, croire en ses privilèges, en son importance. J'étais à l'université à la fin des années 1970 et au début des années 1980 – une période qui, avec le recul, me paraît coïncider avec la fin du cinéma et la toute fin de son avant-garde. C'est probablement ce pressentiment de la fin imminente, quoique personne ne l'ait formulé comme tel à l'époque, qui a donné cette foi passionnée dans le cinéma. Je pense n'avoir commencé à travailler avec le film qu'après qu'il est devenu possible de le faire sans y croire de cette façon.

JS: Mais pourquoi le film ? Pourquoi pas la vidéo ou les technologies numériques ?

ML: Faire un film exige une manière particulière de travailler, et cela est devenu de plus en plus important pour moi. Mes films sont courts, mais j'emploie, pour les réaliser, presque tous les mêmes moyens qu'une organisation commerciale qui tourne un long métrage : des caméras 35 mm, beaucoup d'éclairage, des grues de prise de vues, des décors, des effets spéciaux – on peut dire que je ne respecte aucun des édits du Dogme. Je crois que cette méthode de travail très structurée a un certain nombre de répercussions sur la création, surtout en ce qui a trait à la question de savoir qui est l'auteur.

Depuis l'invention du cinéma, la question de la signature n'a jamais été entièrement réglée. Tout de suite s'est posée la question de savoir à qui attribuer tel film, puisque le film se présentait comme le parfait exemple de la manière de fabriquer des images à l'ère industrielle. La notion d'auteur était une façon d'établir une continuité avec l'idée traditionnelle de signature. Mais comme on l'a appliquée, rétrospectivement, à des cinéastes qui travaillaient presque exclusivement dans une machine commerciale conçue pour être efficace et rapporter de l'argent et qui accordait fort peu de pouvoir de décision au réalisateur, l'attribution s'est passablement compliquée. Ce rapport entre la notion d'auteur et le travail collectif est passablement différent, je pense, de ce qu'il est dans d'autres domaines de l'art industriel, où s'applique le paradigme de la fabrication, c'est-à-dire où l'artiste apporte ses plans et dessins à des spécialistes qui, eux,

It's not to say that this does not happen when fabricating an object, because it often does. But in film, or at least in the way I work, this transformation is the rule and not the exception.

So I like the total discipline of the film machine. The 35mm apparatus insists upon careful and very calculated decisions and enactments. But precisely because of this total discipline, the film apparatus engenders a kind of internal *détournement*. The very machine that insists that you follow very detailed plans, also detours you from that intent. This is the magic of cinema (it's what it *can* do) and as we know in feature films it often and almost always gets lost. *Détournement* gets brought under control by narrative, by the demands of a 90-minute structure, by characterisation – by almost everything that the cinema now is.

JS: Are there other reasons for this engagement with film instead of video? Do you see a relationship between your film work and your earlier work, for instance with photography?

ML: Yes. I am interested in film *because* of the relationship to its historical antecedent, photography. Strictly speaking film is photography, 24 times a second. Or to put it another way, there is no reason why a film cannot be a single image, a single photograph. There is nothing in its material definition that excludes this possibility. Film's stillness is often concealed by film's general and historical alliance with narrative which of course demands movement and considerations of time (both alien to the still photographic image). But this stillness never really goes away. The photographic image haunts film and that's one of the reasons why film remains 'in-between' – in-between photography and video, and perhaps also between painting and digital media. And because film exists in this 'in-between' state, it exacts a play between stillness, let's call it death, even, and movement; and this play is integral to its effect and is the direct result of it being photographic. The film 'cut' or edit creates the possibility of a space in between images. And this cut, this absence of an image, also reinforces the idea that the film is made up of photographs. When one edits, one tries to find two still images that can cut together. Video, analogue or digital, does not have this historical relationship to the photograph, which makes it very different. This difference has been elided of late, and there are many reasons for this, some of them to do with the fact that much of the video and digital equipment that is employed by artists today is used precisely because of its ability to deliver efficient cinematic simulacra. But this latter phenomenon also suggests that it would be impossible to sustain the conceptual and formal opposition between video and film

s'occupent de construire l'œuvre. Au cinéma, même si le scénario est très précis, l'équipe l'interprète, sous la direction du réalisateur qui participe à toutes les étapes de la production. Et par cette interprétation et ce dialogue avec le réalisateur, l'équipe – le travail collectif de l'équipe – transforme l'œuvre. Cette transformation se produit souvent par l'exploitation des hasards, de ce qui survient dans l'espace entre le projet et son interprétation. Je ne dis pas qu'une telle transformation ne s'opère pas quand on fabrique un objet, car elle se produit souvent. Mais dans le film, du moins de la façon dont je travaille, cette transformation est la règle, et non l'exception.

C'est pourquoi j'aime la discipline absolue du cinéma. Utiliser du 35 mm oblige à prendre des décisions soigneusement calculées, à agir de manière réfléchie. Mais précisément à cause de cette discipline absolue, l'équipement filmique engendre une sorte de *détournement* interne. Cette machine même qui insiste pour nous faire suivre des plans extrêmement détaillés nous détourne aussi de cette intention. C'est là que réside la magie du cinéma (dans ce qu'il peut faire) et, nous le savons, dans le long métrage, cette magie disparaît souvent, presque toujours. *Le détournement* est canalisé par le récit, par les exigences de la structure de 90 minutes, par la psychologie des personnages et l'interprétation – par tout ce que le cinéma est devenu.

JS: Y a-t-il d'autres raisons à votre prédilection pour le film plutôt que pour la vidéo ? Voyez-vous un rapport entre votre travail cinématographique et votre travail antérieur, en photographie par exemple ?

ML: Oui. Je m'intéresse au film *à cause* de son rapport avec son prédécesseur, la photographie. À strictement parler, le film est de la photographie, 24 fois à la seconde. Autrement dit, rien n'empêche qu'un film soit une seule image, une seule photographie. Rien dans sa définition matérielle n'exclut cette possibilité. L'alliance habituelle et historique entre le film et le récit – qui bien sûr, fait appel au mouvement et au déroulement chronologique (deux considérations étrangères à l'image photographique) – cache souvent la fixité du film, mais cette fixité ne disparaît jamais complètement. L'image photographique hante le film, et c'est l'une des raisons pour lesquelles le film demeure « entre les deux », entre la photographie et la vidéo, et peut-être aussi entre la peinture et les médias numériques. Et parce que le film existe dans cet « entre-deux », il doit jouer entre l'immobilité – on pourrait même dire la mort – et le mouvement. Ce jeu fait partie intégrante de l'effet qu'il produit et il est la conséquence directe du fait que le film est photographique.

that I have just proposed. For instance: I direct my films using a video feed that allows me to see what the film camera is seeing. Later the negative is transferred to video and then the editing is done using an Avid computer. So-called 'special effects' are performed on Silicon Graphics machines such as 'Henry' and 'Flame' and then the final work is transferred to laser disk or DVD and then projected in a gallery using a video/data projector. But these are just the practical effects of the film-video osmosis. Our very understanding and formal apprehension of the cinematic image has been massively and retrospectively transformed by video and digital technologies. The very fact of digital and video technology means we can better understand film, just as the fact of industrial manufacture made painting easier to understand for the historical avant-garde. It's a bit like Delaroche's apocryphal 'from today painting is dead'. If this exclamation could have meant anything at all, it was that the invention of photography opened up new fields of knowledge for painting.

JS: Elsewhere you have talked about the idea of the 'part cinema'. What do you mean by this?

ML: In my work I have been interested in thinking about the real cinematic inventions of film, things that are unique to it and can be found nowhere else. These inventions are often born of a variety of exigencies, many of them commercial or accidental. But they exist, and in so far as they exist, then presumably they may also be partitioned from the cinema itself, isolated, produced as objects in their own right. Take, for example, the idea of the opening credit sequence, which I investigated in my project *Two Impossible Films* (1995-97). The opening credit sequence, the montaging of live-action footage with production credits, is a feature of most large budget films. I think everyone recognises that these sequences have a very different mode of operation than the film proper: they tend to have very little dialogue; they are visually stunning and the montage is usually quite inventive, making unusual connections between images rather than simply providing continuity in 'the story'; and these sequences set up profound expectations about the film to follow. In this sense, the opening credit sequence is already partitioned. And then, of course, all of this visual invention is overlaid by the lists of names and material production for the film. Now these commercial films, which generally speaking enjoy a rather parasitic relationship to the 19th-century novel, have invented this phenomenon. It happens really nowhere else. You don't, for instance, suddenly find the typographer credited in the middle of the first chapter of a book, nor the name of the printer inserted a few pages on, but in the commercial cinema it

Le « découpage » ou le montage permet de créer un espace entre les images. Et cette coupure, cette absence d'image, renforce l'idée que le film se compose de photographies. Quand on procède au montage d'un film, on essaie de trouver deux images fixes qui peuvent se raccorder.

La vidéo, analogue ou numérique, n'entretient pas ce rapport historique avec la photographie, et c'est ce qui fait sa différence. Cette différence s'est estompée récemment, et il y a plusieurs raisons à cela, dont certaines ont à voir avec le fait qu'une grande partie du matériel vidéo et numérique utilisé par les artistes est utilisé précisément parce qu'il permet de créer un simulacre efficace de cinéma. Mais ce phénomène nous amène aussi à penser qu'il serait impossible de soutenir l'opposition conceptuelle et formelle entre la vidéo et le film dont je viens de parler. Par exemple : je me sers pendant le tournage d'un moniteur par lequel je vois ce que la caméra voit. Ensuite, le négatif est transféré en vidéo, puis on fait le montage sur un ordinateur Avid. Les « effets spéciaux » sont réalisés à l'aide d'outils de la Silicon Graphics, tels « Henry » et « Flame », et l'œuvre finale est transférée sur disque laser ou DVD puis projetée en galerie à l'aide d'un vidéoprojecteur numérique. Mais ce ne sont là que les conséquences pratiques de l'osmose film-vidéo. La vidéo et les technologies numériques ont radicalement transformé notre compréhension et notre apprehension formelle de l'image filmique. Leur existence même nous aide à mieux comprendre le film, comme l'existence des méthodes de fabrication industrielle a aidé l'avant-garde à mieux comprendre la peinture. C'est un peu comme la proclamation de « la mort de la peinture », attribuée à Delaroche : si ce cri du cœur signifiait quelque chose, c'est bien que l'invention de la photographie ouvrait de nouveaux champs de connaissance à la peinture.

JS: Ailleurs, vous avez parlé de la notion de « cinéma en pièces ». Qu'entendez-vous par là ?

ML: Dans mon travail, j'ai voulu réfléchir aux inventions purement filmiques, à ces choses qui sont propres au film et que l'on ne trouve nulle part ailleurs. Ces inventions ont souvent été le fruit de diverses exigences, commerciales dans bien des cas, ou du hasard. Mais elles sont là, et dans la mesure où elles existent, on peut les séparer du cinéma, les isoler, les produire comme objets ayant leur valeur propre. Prenons, par exemple, le générique de début, que j'ai exploré dans *Two Impossible Films* (1995-1997). La plupart des films à gros budget commencent par un générique, où se mêlent les scènes d'action et les noms des collaborateurs. Tout le monde reconnaît que ces séquences fonctionnent très différemment du

happens, and it's rather wonderful. So by calling my work the 'part cinema', I was simply calling attention to these uniquely cinematic moments, moments created by needs generated within the form itself but often without any sense of what it was doing.

JS: What are your references and which artists of your generation do you feel close to and why?

ML: My references as such are from all aspects of film, from the commercial cinema, from the avant-garde cinemas, from more prosaic forms such as home movies and so on. In terms of film-makers and artists: Godard, Antonioni, Nicolas Ray, Orson Welles, Michael Snow, Andy Warhol, Ed Ruscha, Guy Debord, Bruce Nauman etc. It's a rather unsurprising list, but it also includes people such as Michael Mann and Kathryn Bigelow. I have never really found Hitchcock that interesting, maybe because his films seem a little too contrived and also a little boring. Although there is a Hitchcock shot that is probably one of my favourite cinematic moments – it's in *Frenzy*, a very late Hitchcock set in Covent Garden, London. It's when the 'neck tie' murderer has just lured an innocent victim into his flat. The door closes and the camera starts to exit backwards down the stairs and out into the streets of Covent Garden. It starts off deadly silent, and very slowly, almost imperceptibly people begin to cross the frame and the noise of the street begins to build. This shot, in all of its banality, I think, is one of the most efficient demonstrations of how absence can produce story. The silence lets you think, the sound introduces everyday life and the story re-enters, takes over (we know that she is being killed, but we don't have to see it, we don't even have to hear it). It's also a shot about the complex relationship between image and sound, how they coexist in an antagonistic as well as complementary relationship. Sound is added to film, usually in post-production, and therefore there is nothing inherent in the process of film that necessitates sound.

JS: You said in an interview with Jeff Wall: 'The auteurs tried to suggest other possible forms of cinematic narrative. But they did this by accepting the basic form of the equation – what Godard produces, by and large, is experimental 90-minute drama designed to be viewed in the very same cinemas as standard Hollywood fare.' Don't you think exhibiting your films in the white cube exhibition space is the same. It doesn't provide a new context, because it is as well a generic context?

ML: Well, for me, the architectural conditions of the cinema theatre are a big problem: they enforce a particular type of

film lui-même : elles contiennent généralement peu de dialogues; elles sont visuellement frappantes; elles sont montées de manière inventive, pour créer des liens inhabituels entre les images et non pour assurer une continuité dans l'histoire ou le récit; et elles créent de grandes attentes en ce qui a trait à la suite. En ce sens, le générique du début est déjà à part. Et puis, bien sûr, à toute cette invention visuelle se superpose la liste des interprètes et des personnes qui ont participé à la production matérielle du film. Eh bien, ce sont les films commerciaux, ceux qui d'une manière générale entretiennent une relation plutôt parasitique avec le roman du XIXe siècle, qui ont inventé ce phénomène. Et cela ne se produit nulle part ailleurs. On ne donne pas, par exemple, le nom du typographe au beau milieu du premier chapitre d'un livre, ni le nom de l'imprimeur quelques pages plus loin. Mais dans le cinéma commercial, on le fait, et c'est assez extraordinaire. En qualifiant mon travail de « cinéma en pièces », je voulais simplement attirer l'attention sur ces moments purement filmiques, ces moments créés pour répondre aux besoins de la forme elle-même, sans trop savoir quel effet ils produiront.

JS: De qui vous réclamez-vous et de quels artistes de votre génération vous sentez-vous proche, et pourquoi ?

ML: Je me réclame de toutes sortes de films – du cinéma commercial, des cinémas d'avant-garde, de formes plus prosaïques comme le film familial ou d'amateur, et ainsi de suite. Pour ce qui est des cinéastes et des artistes : Godard, Antonioni, Nicolas Ray, Orson Welles, Michael Snow, Andy Warhol, Ed Ruscha, Guy Debord, Bruce Nauman, etc. C'est une liste assez prévisible, qui comprend aussi des noms comme Michael Mann et Kathryn Bigelow. Je n'ai jamais vraiment trouvé Hitchcock intéressant, peut-être parce que ses films me paraissent un peu trop forcés et un peu ennuyeux. Quoique l'une de mes scènes préférées se trouve probablement chez Hitchcock – dans *Frenzy*, un film de la toute fin de sa carrière et dont l'action se passe dans le quartier de Covent Garden, à Londres. C'est le moment où le meurtrier aux cravates vient tout juste d'attirer son innocente victime chez lui. La porte se referme et la caméra se met à reculer, descend l'escalier, sort dans les rues de Covent Garden. Tout cela commence dans un silence de mort, puis très lentement, presque imperceptiblement, des gens traversent le cadre et les bruits de la rue s'accentuent. Cette séquence, dans toute sa banalité je pense, est l'une des plus efficaces démonstrations de la manière dont l'absence peut produire une histoire. Le silence nous laisse le temps de penser, le son introduit la vie quotidienne et l'histoire reprend le dessus (nous savons que le meurtre est commis, mais nous n'avons pas besoin de le voir, ni même de l'entendre). C'est

viewing which more or less immobilises the spectator. You are seated, usually between other people, all the seats are arranged in one direction and the room itself is designed to disappear. And then there is all the theatricality that goes along with this spatial organisation: the anticipation of the beginning, the settling down, the silencing of the spectators, the overwhelming importance of the narrative. These are cinematic 'ready-mades', they are experiences that we all recognise, take part in regularly, but they are, I think, deleterious to considerations of aesthetic judgment. Anything that imprisons or diminishes or silences the spectator will have this effect. This is why the enlightenment idea of the museum is still so important. It presumes the absolute sovereignty of the spectator in his or her disinterested attempt to re-make the work. I would like the viewing of my works to approximate as closely as possible the conditions of looking at painting or photography or any other high art. Maybe film can't achieve this equivalence, I don't know; and certainly my work tries to test this proposition. I like the fact that the museum or gallery is a generic context, as you put it. Staging the work in these places means that you can take advantage of their historical propositions for viewing: You can walk in and out of the space whenever you want; there are no seats, benches or beanbags; you can sit on the floor, lean against the wall, walk around, cross the beam, or simply walk out. It's your choice –
and it's not imposed by the work itself or its place of viewing. It's important, I think, to hold on to all the neutral and disinterested possibilities proposed by this historical and generic context. On strictly formal grounds, I am against installing my films in a way that seeks to return the gallery to a simulacrum of the cinema, i.e black or grey walls etc: a convention that you see quite often now in galleries. After all, there are already many spaces configured as theatrical cinemas.

JS: You said in the same interview: 'The cinema could have developed in many different directions: it could have been short, single-reel productions of the nature demonstrated by the Lumière Brothers, productions hardly long enough to 'tell stories'. In the beginning, short films were not short, they were the cinema. It could have all been all these things, but it wasn't and it isn't.' Why such a failure? What would be the alternatives?

ML: Well I think the point I was making was that there is no alternative. If the history of film is in part a history of the growing hegemony of the Hollywood model against which several different avant-garde models struggled, then we need to acknowledge that today one can, going back to Duchamp, simply choose from these different possibilities, and at the same

aussi une séquence à propos de la relation complexe entre l'image et le son, la manière dont image et son coexistent dans un rapport à la fois conflictuel et complémentaire. Le son est ajouté au film, habituellement à l'étape de la post-production, et par conséquent, rien dans le processus filmique n'exige du son.

JS: Vous avez dit en entrevue avec Jeff Wall : « Le cinéma d'auteur a essayé de proposer d'autres formes de récit. Mais il n'a pas pour autant refusé l'équation fondamentale : ce que Godard produit, dans l'ensemble, ce sont des drames expérimentaux de 90 minutes destinés à être vus dans les mêmes salles que les films hollywoodiens. » Ne croyez-vous pas que vous faites la même chose en projetant vos films dans la salle blanche, cubique, d'un musée ou d'une galerie d'art ? Vous ne proposez pas de nouveau contexte, parce qu'il s'agit déjà d'un contexte « générique », rattaché à un genre.

ML: À mon avis, l'architecture des salles de cinéma pose un gros problème : en immobilisant plus ou moins le spectateur, elle dicte une certaine manière de regarder le film. Nous sommes assis, habituellement entre d'autres gens, tous les sièges sont placés dans le même sens et la salle elle-même est conçue pour disparaître. Et puis, il y a tout l'aspect théâtral qui va avec cette organisation spatiale : l'anticipation du début, l'agitation qui cesse, le silence des spectateurs, l'extrême importance de l'histoire qu'on raconte. Ce sont des « ready-mades » cinématographiques, des expériences que nous reconnaissons tous, auxquelles nous participons régulièrement, mais qui, je pense, nuisent au jugement esthétique. Tout ce qui emprisonne, diminue ou fait taire le spectateur aura cet effet. C'est pourquoi l'idée édifiante du musée comme lieu d'apprentissage me paraît si importante. Elle pose l'absolue souveraineté du spectateur dans sa tentative désintéressée de reconstruire l'œuvre. J'aimerais que mes films soient vus dans des conditions aussi proches que possibles de celle où l'on voit des peintures ou des photographies ou toute autre forme de grand art. Il est peut-être impossible de trouver cette équivalence, je ne sais pas. Mais j'essaie, manifestement, de voir si c'est possible. J'aime que le musée ou la galerie soit un contexte « générique », comme vous dites. Présenter l'œuvre dans un tel endroit permet de tirer profit de la manière dont les œuvres y ont été proposées aux spectateurs dans le passé. Vous pouvez circuler dans la salle, entrer et sortir quand cela vous chante; il n'y a pas de fauteuil, pas de banc, pas de coussin. Vous pouvez vous asseoir par terre, vous adosser au mur, vous promener, traverser le faisceau lumineux, partir. Au spectateur de choisir – la décision n'est pas imposée par l'œuvre, ni par le lieu où on la présente. D'après moi, il est

time feel no obligation to believe in any of them. The idea of an alternative cinema today is really a kind of one-sided romance. Artists' works will often contain examples of a number of different historically defined modes of working. This is what I meant earlier when I said that there was now no longer a defining look of artists' films, as there might have been only 25 years ago. You can walk into a gallery and in a single work you might see 'remnants' of Hitchcock, Hans Richter, Godard, Michael Snow, Maya Deren, and so on. In the same way Hollywood has incorporated formal experiments traditionally associated with the avant-garde. There are lots of examples, like the Stan Brakhage-style credits at the beginning of David Fincher's *Seven*, for example.

Film is an old invention, it's a bit dusty, and artists are picking over its remains, re-thinking its history, but without the burden of its historical antagonisms. This process can be a little difficult to recognise at times, as critics and curators and artists celebrate film as if it were still a new and radical medium. That's why I envy painters, because they know, and they have known for a long time, that they don't have to struggle, in avant-gardist terms, against something. Following a familiar argument: they paint after painting's end, in full knowledge of that end, and therefore are no longer encumbered by the historical schisms that brought about that end. The 'ready-made', the 'monochrome', the evanescing divide between avant-garde and kitsch, these are taken as given, and they are accepted, not with fits of pique or extended bouts of melancholy. Painting's failure is now a subject of painting, and this has been the case really since the failure of Romanticism. I think we are approaching this condition in film, but perhaps it's not always so clear.

JS: Would you consider making a feature film ?

ML: No.

JS: Why 'No'?

ML: They are too long and they usually have to tell a story. And I can't tell very good stories and certainly not ones that could sustain anyone's interest for 90 minutes or more. Feature films also take forever to make, to raise money, and so on. And then, when they are made, you can't get them distributed. I'd much rather make a rock video or a commercial, because I think these could be interesting.

JS: Why the short as a model?

important de maintenir toutes les possibilités, neutres et désintéressées, que suggère ce contexte historique et « générique ». Du point de vue strictement formel, je m'oppose à ce qu'on installe mes films de manière à transformer la galerie en simulacre de cinéma, avec des murs noirs ou gris, etc., selon une convention assez fréquente dans les musées de nos jours. Après tout, il y a déjà bien assez d'espaces aménagés en salles de cinéma.

JS: Vous avez dit dans la même entrevue : « Le cinéma aurait pu se développer dans bien des directions : nous aurions pu avoir des courts métrages, des projections d'une seule bobine comme celles des frères Lumière, des productions à peine assez longues pour "raconter une histoire". Au début, les films courts n'étaient pas courts, ils étaient le cinéma. Le cinéma aurait pu être autre chose, mais il ne l'a pas été et il ne l'est pas. » Pourquoi un tel échec ? Quelles solutions y a-t-il ?

ML: Je pense que ce que j'essayais de dire, c'est qu'il n'y a pas de solution. Si l'histoire du film est en partie l'histoire de l'hégémonie croissante du modèle hollywoodien contre laquelle tant d'avant-gardes ont lutté, alors force est de reconnaître qu'aujourd'hui, on peut, en se réclamant de Duchamp, se contenter de choisir parmi ces différentes possibilités sans se sentir obligé de croire à l'une ou l'autre d'entre elles. La notion de cinéma alternatif est une illusion entretenue par ceux qui croient faire un cinéma « autre », différent. On trouvera souvent, dans les films d'artiste, des exemples de divers modes de travail qu'il est possible de situer historiquement. C'est à cela que je pensais plus tôt quand je disais que le film d'artiste ne se définit plus par sa facture, son « look », comme il le faisait il y a seulement vingt-cinq ans. Vous pouvez entrer dans une galerie et retrouver, dans une seule œuvre, des bribes de Hitchcock, de Hans Richter, de Godard, de Michael Snow, de Maya Deren, et ainsi de suite. De la même manière, Hollywood a incorporé des éléments formels habituellement associés à l'avant-garde. Nous en avons une foule d'exemples, comme le générique à la Stan Brakhage au début de *Seven* de David Fincher.

Le film est une vieille invention, un peu poussiéreuse, et les artistes en examinent les restes, en re-pensent l'histoire, sans avoir à porter le poids de ses vieilles querelles. Ce phénomène est parfois difficile à reconnaître, car les critiques, les conservateurs et les artistes célèbrent le film comme s'il s'agissait encore d'un nouveau moyen d'expression, d'un médium radical. C'est pourquoi j'envie les peintres, parce qu'ils savent, et depuis longtemps, qu'ils n'ont pas à lutter contre quelque chose, à se

ML: Actually I did make a feature last year. It's called *After (Made for TV)* and it's 16 minutes long. In terms of our discussion here, it's probably too long in fact. I wrote a script, one of those noir thrillers that we all want to make, but then I erased all the story, all the plot and characterisation. What I shot was what was left: the 'after' scenes, the scenes that happen after some development in the plot, scenes where the film breathes and becomes optical for a moment, catches up with the changes imposed by the story. The very first films were barely a minute long. They were not short. They were just film. When the 'cut' was invented, people began to put lots of films together on a single reel. Then theatre and the 19th-century novel became the models for the emerging cinema and the length just kind of grew until it reached the 90 minutes of the classic Aristotelian drama, what Gus Van Sant has characterised as the maximum amount of time one can sit without getting a sore bum. Maybe it would be better to characterise feature films as films that are too long – this classification would at least have the virtue of recognising the origins of film.

JS: Don't you think that film and video work has come to represent a kind of new academicism in the visual arts now?

ML: Perhaps, but only if you classify works by medium alone. It's true that there have probably been a few too many group exhibitions organised around the idea of artists making film. In time this phenomenon will probably seem as thematically banal as painting shows. There is novelty attached to film in the museum, but as your question seems to suggest, that novelty is wearing a little bit thin. Christian Metz once talked about film being an easy art, too easy he says, and one that is therefore constantly in danger of falling victim to this easiness. Or, as Artaud put it, even the most void and banal image is transformed when it is projected on the screen. It's one of the most compelling reasons I have for condensing films to their cinematic effects, but it is also one of the reasons why I am not interested in appropriating existing cinematic images.

JS: How do you experience time in an exhibition room where the uncomfortable audience goes through the rooms and rarely sees the films in their total duration?

ML: The problem of time, real time, and the spectator's relationship to that sense of duration is really a question about film and aesthetic judgement. Can film in the museum, for instance, ever be considered a high art? As an artist I am always asking myself this question. In terms of the great commentators

placer en opposition, au sens où l'entendaient les avant-garde. Suivant un argument bien connu : ils peignent après la fin de la peinture, en pleine connaissance de cette fin, et donc, sans s'encombrer des schismes historiques qui ont provoqué cette fin. Le « ready-made », le monochrome, l'insaisissable démarcation entre l'avant-garde et le kitsch, tout cela est pris pour acquis, et accepté, sans accès de dépit ni crise de mélancolie. L'échec de la peinture est désormais un sujet de la peinture; il l'a été, en fait, depuis l'échec du romantisme. Je pense que nous sommes sur le point d'en arriver là avec le film, mais ce n'est peut-être pas toujours aussi évident.

JS: Envisageriez-vous de tourner un long métrage de fiction ?

ML: Non.

JS: Pourquoi « Non » ?

ML: Ces films sont trop longs et ils doivent habituellement raconter une histoire. Et je ne peux pas raconter de très bonnes histoires, certainement pas des histoires susceptibles de capter l'intérêt pour 90 minutes ou plus. Il faut un temps infini pour réaliser un long métrage, pour trouver de l'argent, et ainsi de suite. Et puis, quand on l'a terminé, on n'arrive pas à le faire distribuer. Je préférerais faire une vidéo rock, ou une publicité; ce genre de film me paraît beaucoup plus intéressant.

JS: Pourquoi faire court ?

ML: En fait, j'ai réalisé un « long métrage » l'an dernier : *After (Made for TV)*, qui dure 16 minutes. D'après ce dont nous venons de discuter, il est probablement trop long, d'ailleurs. J'ai écrit un scénario, un de ces thrillers noirs que nous rêvons tous de réaliser, puis j'ai effacé toute l'histoire, toute l'intrigue et toute la peinture des caractères. J'ai tourné ce qui restait : les scènes qui se passent « après », après une certaine évolution dans l'intrigue, les scènes où le film respire et devient purement visuel pour un moment, rattrape les changements imposés par l'histoire. Les tout premiers films duraient à peine une minute. Ils n'étaient pas courts, ils étaient des films, un point c'est tout. Après l'invention du montage, les gens ont commencé à mettre beaucoup de films ensemble sur la même bobine. Puis, le cinéma naissant a pris pour modèles le théâtre et le roman du XIXe siècle et les films se sont allongés jusqu'à atteindre les 90 minutes du drame classique aristotélicien – période maximum, d'après Gus Van Sant, durant laquelle une personne peut rester assise sans avoir les fesses endolories. Peut-être vaudrait-il mieux qualifier les longs métrages

on art, the situation looks a little bleak. Hegel's writings on aesthetics would seem to suggest that if the work fails to register, if it is ephemeral and evanescent as indeed the film image would seem to be, then proper contemplation, and hence aesthetic judgement is impossible. As one of my friends puts it: the problem with film is that it begins and then it ends, and therefore it's never really there. Equally, the imposed immobility of the spectator (by architecture or narrative, or whatever) seems to threaten the Kantian disinterested and sovereign viewer. And I think also that the cinema as art is still compromised by its own totalising popular ambition.

JS: What is the main topic of your films, what is the idea that binds them together?

ML: Initially, it was this investigation of the inventions of cinema (particularly narrative cinema) and the reduction of film to these inventions alone. I am still interested in this idea and recent works like *After (Made for TV)* (1999) and *The Pitch* (1998), continue to explore it to some extent. In parallel to this, I am also interested in the question of aesthetic judgement with regards to film, in making work that is about opticality and the legibility of duration: how one registers time in the work of art. I think *Centrale* (1999) and *Smithfield* (2000) signal a kind of change of emphasis in this respect.

JS: What projects are you working on now?

ML: Because of the enormous cost of making film, I need to be working on a lot of different projects, some of which will be made, although most will not. At the moment I seem to be making two types of films. The first consists of unedited single rolls (400 ft) of 35mm film. These works last about four minutes and begin when the film starts to go through the camera and end when the film finishes. They are very economical and they sort of return film to their origins in the single-shot works of the Lumière Brothers, and to a kind of very classical modernist assessment of film's materialist definition. *Centrale, Smithfield, Upside Down Touch of Evil* (1997) and *The Pitch* (1998) are all examples of this mode of working. Right now I am about to start shooting a new single-reel film/shot entitled *North Circular*. These kinds of works I can finance myself (just!), while the other kinds of works, the more complicated ones (in terms of sets, actors, lighting and editing, etc), I have to raise money for. Of the latter works, I have just completed *Peeping Tom* (2000).

I have recently become interested in looking at television and

de fiction de « films trop longs », ce qui aurait au moins le mérite de rappeler les origines du cinéma.

JS: Ne croyez-vous pas que le film et la vidéo constituent maintenant un nouvel académisme en arts visuels ?

ML: Peut-être, mais seulement si vous classez les œuvres uniquement en fonction du moyen d'expression. Il est vrai qu'on a probablement organisé un peu trop d'expositions de groupe sur le thème de l'artiste qui fait des films. Bientôt, ce thème paraîtra aussi banal que la peinture. Il y a de la nouveauté dans le fait de présenter des films dans un musée, mais comme votre question le laisse à entendre, cette nouveauté est en train de s'épuiser. Christian Metz a déjà parlé du film comme d'un art facile, trop facile selon lui, et donc, d'un art qui risque constamment d'être victime de sa facilité. Ou, comme le disait Artaud, même l'image la plus nulle et la plus banale se transforme quand on la projette sur un écran. C'est l'une des principales raisons pour lesquelles je condense mes films, les réduis à leurs effets purement filmiques, mais c'est aussi l'une des raisons pour lesquelles m'approprier les images filmiques existantes ne m'intéresse pas.

JS: Qu'en est-il de la perception du temps, du sens de la durée, dans une salle d'exposition où les spectateurs, mals à l'aise, circulent dans les galeries et voient rarement les films au complet ?

ML: La question du temps, du temps réel, et du sens de la durée pour le spectateur a trait, en fait, au jugement esthétique sur le cinéma. Le film dans un musée, par exemple, pourra-t-il jamais être considéré comme du grand art ? En tant qu'artiste, je me pose sans cesse cette question. Si l'on s'en réfère aux grands penseurs, les choses se présentent plutôt mal. Hegel, dans ses écrits sur l'esthétique, laisse à entendre que si l'œuvre ne s'enregistre pas, si elle est éphémère, ce qui semble bien que l'image filmique soit, alors la contemplation et par conséquent le jugement esthétique sont impossibles. Comme le disait un de mes amis : le problème avec le film, c'est qu'il commence et qu'il finit et que, par conséquent, il n'est jamais vraiment là. En outre, l'immobilité imposée (par l'architecture ou le récit ou quoi que ce soit d'autre) semble menacer le spectateur désintéressé et souverain de Kant. Je pense aussi que, par son ambition populaire, totalisante, le cinéma se met en péril en tant qu'art.

JS: Quel est le principal sujet de vos films, quel en est le fil conducteur ?

ML: À l'origine, c'était cette investigation des inventions du

video, and trying to think about them using a similar model to the one we spoke about earlier with regards to film. Namely the idea that television too might be going through its own end-game. Here, *Hawaii Five-O* and *Home Movie*, two new works currently in pre-production, will try to look at the inventions of respectively, the classic TV drama series, and the pornographic video. *Hawaii Five-O* will re-create the stunning opening credit sequence of the 1970s detective series but will locate Hawaii in Vancouver, and *Home Movie* will be a pornographic movie, minus the sex.

Jérôme Sans is Director of Le Palais de Tokyo, site of contemporary creation in Paris and Adjunct Curator at the Institute of Visual Arts (*inova*), Milwaukee, Wisconsin, USA.

Jérôme Sans est directeur du Palais de Tokyo, lieu de création contemporaine à Paris, et conservateur adjoint à l'Institute of Visual Arts de Milwaukee (Wisconsin, États-Unis).

cinéma (surtout du cinéma narratif) et la réduction du film à ces seules inventions. Cette idée m'intéresse encore et j'ai continué à l'explorer jusqu'à un certain point dans mes œuvres récentes, dans *After (Made for TV)* (1999) et *The Pitch* (1998), par exemple. Parallèlement, je m'intéresse aussi à la question du jugement esthétique sur le film, à l'opticalité et à la lisibilité de la durée – à savoir, comment on enregistre la durée dans une œuvre d'art. Je pense que dans *Centrale* (1999) et *Smithfield* (2000), j'ai insisté davantage sur ces questions.

JS: À quels projets travaillez-vous en ce moment ?

ML: Parce que la production d'un film coûte extrêmement cher, je dois travailler à beaucoup de projets, dont certains se réaliseront quoique la plupart ne se réaliseront pas. À l'heure actuelle, il semble que je fasse deux types de films. D'abord, des films sans montage, d'une seule bobine (400 pieds), en 35 mm; ils durent environ quatre minutes, commencent quand la pellicule s'enclenche dans le mécanisme d'avance de la caméra et s'arrêtent quand il n'y a plus de pellicule. Ces films sont très économiques et ils ramènent en quelque sorte le cinéma à ses origines, aux projections de une-bobine-un-plan des frères Lumière, et à une conception très moderniste de la matérialité du film. *Centrale, Smithfield, Upside Down Touch of Evil* (1997) et *The Pitch* (1998) en sont tous des exemples. En ce moment, je m'apprête à commencer le tournage d'un autre film d'une seule bobine et d'un seul plan-séquence qui aura pour titre *North Circular*. Ces œuvres-là, je peux les financer moi-même (tout juste!) alors que les autres, plus compliquées (sur le plan des décors, des acteurs, de l'éclairage, du montage, etc.), il faut que je trouve de l'argent pour les réaliser. De ces dernières œuvres, je n'ai terminé que *Peeping Tom* (2000).

J'ai commencé aussi à m'intéresser à la télévision et à la vidéo, et à les penser selon un modèle semblable à celui dont j'ai parlé plus tôt à propos du film. À savoir : que la télévision aussi en est peut-être dans sa phase finale. Avec *Hawaii Five-O* et *Home Movie*, deux nouvelles œuvres qui sont actuellement en pré-production, je me pencherai sur les inventions respectives de la télésérie dramatique et de la vidéo porno. *Hawaii Five-O* va recréer la formidable séquence du générique de début de ce polar télévisé des années 1970, mais à Vancouver plutôt qu'à Hawaï, et *Home Movie* sera un film pornographique, mais sans le sexe.

The Strange Case of *Peeping Tom*
Lizzie Francke
2058 words

Le Curieux Procès de *Peeping Tom*
Lizzie Francke
2051 mots

'The only satisfactory way to dispose of *Peeping Tom* would be to shovel it up and flush it swiftly down the nearest sewer. Even then the stench would remain.'
Derek Hill, *Tribune*, 29 April 1960.

'... neither the hopeless leper colonies of East Pakistan... nor the gutters of Calcutta... has left me with such a feeling of nausea and depression as I got this week while sitting through a new British film called *Peeping Tom*.'
Leonard Mosely, *Daily Express*, 8 April 1960.

'A morbid desire to gaze is one of the commonest obsessions in life. Unfortunately, Michael Powell's new film is just a clever but corrupt exercise in shock tactics which displays a nervous fascination with the perversion it illustrates... it exploits fears and inhibitions for the lowest motives. It trades in the self-same kind of obsession that it relates.'
Alexander Walker, *Evening Standard*, 7 April 1960.

'All this filming isn't healthy.' Mrs Stephens, *Peeping Tom*

When Michael Powell's *Peeping Tom* was released in British cinemas, it was greeted with a shrill swill of fear and loathing from the national press that would bury the film and Powell's career along with it. Such an outpouring about a film that has been reinstated into the cinematic canon as one of its most significant and complex works may now be looked upon with derision, but the effects of the critical trashing were brutal. Not since the release of the British gangster flick, *No Orchids For Miss Blandish* in 1948, which was upbraided for its violence and depiction of sex, had a film been received with such abject contempt. It would be fair to say that *Peeping Tom* (the story of a seemingly gentle young man who stalks women with a deadly mirrored camera that shoots and kills and forces its victims to observe their terrified last gasps), not only got under the skin of the critics but hit a deeper nerve that plumbed the guilty pleasures and pains of cinema (viewing) itself. The extraordinary Romanticism that marked Powell's career, particularly during the era of collaboration with the producer/writer Emeric Pressburger with such films as *A Matter of Life and Death* (1946), *Black Narcissus* (1947) and *The Red Shoes* (1948), had shaded into the most Gothic interrogation of the nature of the art form of the twentieth century, and that proved far too disturbing for the British establishment.

It's worth remembering that *Peeping Tom* was conceived in an era of renewed interest in the horror film in Britain. Produced by

---

« La seule façon de se débarrasser de *Peeping Tom* serait de le pelleter au plus vite dans l'égout le plus proche. Et même dans ce cas, la puanteur ne disparaîtrait pas. »
Derek Hill, *Tribune*, 29 avril 1960.

« ... ni les désespérantes léproseries du Pakistan oriental... ni les bas-fonds de Calcutta... ne m'ont soulevé le cœur et déprimé autant que la projection, cette semaine, d'un nouveau film britannique appelé *Peeping Tom*. »
Leonard Mosely, *Daily Express*, 8 avril 1960.

« Le désir morbide de voir est l'une des obsessions les plus répandues. Malheureusement, le dernier film de Michael Powell n'est qu'une habile mais malhonnête tactique de choc qui trahit une fascination nerveuse pour la perversion qu'il illustre ... il exploite les peurs et les inhibitions pour les plus vils motifs. Il se nourrit de l'obsession même qu'il raconte. »
Alexander Walker, *Evening Standard*, 7 avril 1960.

« Tout ce cinéma est malsain. » Mrs Stephens, *Peeping Tom*

À sa sortie dans les cinémas britanniques, *Peeping Tom* (*Le Voyeur*) de Michael Powell fut à ce point vilipendé dans la presse nationale qu'on s'empressa de le jeter aux oubliettes. Et d'occulter, avec lui, la carrière de son réalisateur. Une telle clameur de protestation contre un film que le cinéma reconnaîtrait plus tard comme l'une de ses œuvres les plus significatives et les plus complexes peut paraître aujourd'hui ridicule, mais le rejet critique avait été brutal. Depuis la sortie, en 1948, du film de gangsters britannique *No Orchids For Miss Blandish*, condamné pour sa violence et son obscénité, aucune production cinématographique n'avait été reçue avec autant de mépris. Il serait juste de dire que *Peeping Tom* (l'histoire d'un jeune homme d'apparence aimable qui traque des femmes avec une caméra à miroir dont il se sert pour les tuer et les forcer en même temps à observer, terrifiées, leur assassinat) a non seulement exaspéré les critiques mais touché la corde sensible des maux et des plaisirs coupables du cinéma (se regardant) lui-même. L'extraordinaire romantisme qui avait marqué la démarche de Powell, surtout à l'époque de sa collaboration avec le producteur-scénariste Emeric Pressburger – notamment à *A Matter of Life and Death* (1946, *Une question de vie ou de mort*), *Black Narcissus* (1947, *Le narcisse noir*) et *The Red Shoes* (1948, *Les chaussons rouges*) –, se confondait à une sombre interrogation, audacieusement « gothique », sur la nature de la forme d'art par excellence du XXe siècle, et cela embarrassait au plus haut point l'establishment britannique.

Anglo-Amalgamated as part of a series that had commenced with *Horrors of the Black Museum* and *Circus of Horrors, Peeping Tom* appeared at a time when this audience fascination with the horror genre had already provoked an outraged response from the guardians of public morality, who, as the film historian Ian Christie has pointed out in his book *Arrows of Desire: The Films of Michael Powell and Emeric Pressburger*, linked such films with the 'menace of American 'horror comics' and rock and roll, in a lament for the passing of traditional English popular culture.' Such an outlook clearly failed to acknowledge the deep dent of the Gothic tradition that was riven through British culture. But while the mainstay of the Hammer and Anglo-Amalgamated cycles were period pieces that catered for the taste for frocks and shocks, *Peeping Tom* was distinguished by its contemporary setting which one surmises must have fed into the critics' revulsion. Here the Grand Guignol was served up in broad daylight on the streets of a recognisably modern London and that was just a little too near the bone.

It was the writer Leo Marks who came up with the idea for the film. Previously Marks had scripted the 1951 film *Cloudburst,* and had served as an advisor on *Carve Her Name With Pride*, the film about the French Resistance heroine Violette Szabo. For the latter work he drew on his own experiences as one of the key Codemasters working for the Special Operations Executive (SOE) during World War II, a department that regularly dealt in matters of life and death as it sent agents out into the battlefield. Revealingly, Marks originally wanted to collaborate with Powell on a project about Sigmund Freud, but the two were put off the idea when they heard that John Huston was working on a biopic of the psychoanalyst, which would eventually be released as *Freud – the Secret Passion*.

Marks' obsession with codes would work its way into *Peeping Tom* – his own name is a play on the protagonist's moniker, Mark Lewis. The film is a prism of self-reflexivity, strewn with references and in-jokes. For instance, when caught with his camera returning to the first murder scene, Mark is asked what paper he works for. *The Observer* is his droll reply. Interviewed for the introduction of the script of *Peeping Tom*, Marks reflects further on how his days at the SOE tempered his most famous film project.

'It was conceived in the code room, surrounded by agents being briefed. I suppose the contemporary word is 'depth'. Depth has a special meaning in cryptography. If Mark does have depth, then I have partially succeeded in the agony of a Peeping Tom. It was an adventure in film-making. It broke a few rules, the way

Rappelons que *Peeping Tom* fut conçu à une période où se manifestait, en Grande-Bretagne, un regain d'intérêt pour le film de terreur. Produit par Anglo-Amalgamated dans le cadre d'une série amorcée avec *Horrors of the Black Museum* (*Crime au musée des Horreurs*) et *Circus of Horrors* (*Le cirque des horreurs*), *Peeping Tom* parut à un moment où la fascination de ce public pour l'horreur avait déjà soulevé l'indignation des gardiens de la moralité publique. Ceux-ci, comme l'historien du cinéma Ian Christie l'a fait remarquer dans son livre *Arrows of Desire: The Films of Michael Powell and Emeric Pressburger*, reliaient ces films à la « menace américaine des bandes dessinées d'épouvante et du rock-and-roll, en se lamentant sur la mort de la culture populaire traditionnelle anglaise ». Une telle attitude ne tenait évidemment aucun compte du profond sillon que la tradition gothique avait creusé dans la culture britannique. Mais si les piliers des cycles produits par Hammer et Anglo-Amalgamated étaient des films d'époque qui flattaient le goût pour l'effroi et la dentelle, *Peeping Tom*, lui, se situait dans le présent – ce qui, on le devine, a certainement nourri la révulsion des critiques. Ainsi servi en plein jour dans les rues d'un Londres délibérément moderne, le Grand Guignol prenait un goût douteux.

L'idée de ce film avait germé dans l'esprit de Leo Marks, scénariste de *Cloudburst* [1951], qui avait également agi en qualité de conseiller pour *Carve Her Name With Pride* (*Agent Secret SZ*, 1958), un film sur l'héroïne de la Résistance française Violette Szabo. Pour celui-ci, Marks s'était inspiré de son expérience de « chiffreur », pendant la Seconde Guerre mondiale, au Special Operations Executive (SOE), un bureau d'opérations spéciales habitué à traiter de questions de vie ou de mort puisqu'il envoyait ses agents en territoire ennemi. Fait révélateur, Marks avait d'abord voulu collaborer avec Powell à un film sur Sigmund Freud, mais les deux hommes avaient renoncé à ce projet en apprenant que le réalisateur John Huston travaillait à une biographie du psychanalyste, qui sortirait plus tard sous le titre *Freud – the Secret Passion* (*Freud, passions secrètes*).

L'obsession des codes, chez Marks, ferait son chemin jusqu'à *Peeping Tom*, dont le protagoniste, Mark Lewis, a d'ailleurs pour prénom son nom de famille à lui. Le film est un miroir à plusieurs facettes où se croisent allusions et phrases à double sens. Par exemple, surpris avec sa caméra à son retour sur les lieux du premier crime, Mark, à qui l'on demande pour quel journal il travaille, répond curieusement : « L'Observateur ». Interviewé à propos de la présentation de son scénario, Marks explique ainsi l'influence de son travail au SOE sur son plus célèbre film.

we break them in coding. And in coding, when you create a code, all that matters is that the enemy doesn't break it.

I believe that the cinema makes voyeurs of us all. And I wanted to write a study of one particular voyeur, from a little boy to the time that he died. I wanted to show, visually, what made him a Peeping Tom, and scatter throughout that as many visual clues as I could find, in the hope that the audience would want to discover the clear text of this man's code for themselves.

At the very end of the war, many agents had been tortured. This was a new experience for British Intelligence. The problem was, how to help them? We went up and down Harley Street, and learnt the hard way what did and did not work in psychotherapy. And we discovered the language of dreams – the code of dreams was the most important of all to break. Freud had discovered one method. There were others. But the fundamental lesson was: there is a secret message in every code known as a dream.'

Peeping Tom was forged out of a true understanding of the perils of surveillance, but here Marks transposes that knowledge to explore the psycho-sexual dangers found on the home front. Armed at all times with a camera that has become his third appendage, Mark Lewis is a clandestine emissary whose day job as a focus puller for average 'B' studio fare provides a respectable cover for his other occupations. While his night-shift (photographing nudes to be sold under the counter at innocent looking newsagents) is the *déclassé* flip side to his studio job, it is his fatal work with his camera stiletto (rather than camera stylo) that lays bare the mechanics of his morbidly voyeuristic pathology.

In *Peeping Tom*, the concern is with a voyeurism that has been legitimised and institutionalised. Marks and Powell create a world in which characters are obsessed by cinema – whether it be the detective who wants to stop off on the way to the crime scene to pick up his autograph book, or one of Mark's studio colleagues who wants to discuss the latest release at the Everyman. Mark's deranged behaviour is itself explained by a childhood that has been marked by extensive filmic scrutiny on the part of his psychologist father who, we discover, would taunt the boy so that he could observe what it is to be afraid. *Peeping Tom* clearly implies a strong sense of unease, even disease, at the heart of this cinephilia, with the camera so overtly an instrument of terror and assault. In *Peeping Tom*, to be photographed is to be damaged – Mark's victims apart, two of the nude models are disfigured by scars and bruises, while Mark (a victim himself) hides dark emotional wounds.

« J'en ai eu l'idée dans la salle des codes, entouré d'agents à qui on expliquait leur mission. Je suppose qu'aujourd'hui, on parlerait d'« opacité ». L'opacité a un sens particulier en cryptographie. Si Mark demeure opaque, alors j'ai partiellement réussi à raconter l'angoisse du voyeur. Le défi était d'ordre cinématographique. J'ai enfreint quelques règles, comme on le fait dans le codage. Quand on crée un code, tout ce qui importe, c'est que l'ennemi ne le décrypte pas.

Je crois que le cinéma fait de nous tous des voyeurs. Et je voulais me pencher sur un voyeur en particulier, l'étudier de son enfance jusqu'à sa mort. Je voulais faire voir ce qui en faisait un voyeur et disperser dans le film autant d'indices visuels que possible, dans l'espoir que les spectateurs veuillent découvrir eux-mêmes le texte en clair derrière le code de cet homme.

À la toute fin de la guerre, beaucoup d'agents avaient été torturés. Les Services secrets britanniques, désemparés, se demandaient comment leur venir en aide. Nous avons consulté une foule de médecins et nous avons appris, sur le tas, ce qui marchait et ne marchait pas en psychothérapie. Et nous avons découvert le langage des rêves – le code des rêves est le plus important à percer. Freud avait trouvé une méthode. Il y en avait d'autres. Mais l'essentiel était qu'il y a un message secret dans chaque code que nous appelons rêve. »

Sa profonde compréhension des risques et périls de l'espionnage, Marks l'a transposée pour explorer les dangers de la psychose sexuelle dans le quotidien. Armé en tout temps d'une caméra qui est devenue un prolongement de lui-même, Mark Lewis est un émissaire clandestin qui travaille le jour comme « pointeur », c'est-à-dire assistant caméraman chargé de la mise au point de l'objectif, pour des films de série B. Cet emploi lui sert de couverture. Le soir, il photographie des nus destinés à être vendus sous le manteau par des marchands de journaux à l'air inoffensif. Et bien que ce second emploi soit l'envers pervers de son travail en studio, c'est sa besogne meurtrière avec sa caméra-stylet (plutôt qu'avec la caméra-stylo) qui met à nu la mécanique de sa curiosité morbide.

Le propos de *Peeping Tom* est un voyeurisme légitimé et institutionnalisé. Marks et Powell créent un monde dans lequel les personnages sont obsédés par le cinéma – qu'il s'agisse du détective qui, en se rendant sur les lieux du crime, veut s'arrêter pour prendre son carnet d'autographes, ou du collègue de Mark toujours prêt à discuter du dernier film sorti en salle. Le comportement perturbé de Mark s'explique lui-même par les

Peeping Tom's self-reflexivity about cinema doesn't let anyone off the hook, implicating both the film viewer and film-maker (Powell cast himself as the sadistic father in Mark's black-and-white, traumatic home movies, while his own son Columba played the tormented child – something that the 1960s critics found particularly distasteful). Mark is a true double agent, whose field activities suggest much about the agency of cinema, as he goes about making his own demented little film (the final results, of course, we never see but are left to speculate upon… which is where the artist Mark Lewis comes in…) A red light – one of Powell's preferred cinematic tints but also used to signal that filming is taking place in a studio – casts a bloody pall over the entire movie. The whirl of the camera and projector which contributes to much of the soundtrack make for a death rattle, rather than intimating a joy ride. Even the opening shot (Powell's logo for his company The Archers, in which an arrow pierces the bull's eye) has, with hindsight, a new disturbing resonance. A decade before film theorists wrote about the psychoanalytical nature of the relationship between subject and screen, Powell and Marks were making their own stand on cinema's underlying trauma. *Peeping Tom* was a text-book case for the Lacanian feminist argument that a sadistic impulse was inherent in the movie-viewing process. Powell and Marks even playfully included a jolly, no-nonsense shrink in the proceedings who has his own lecture to give on the phenomenon of scopophilia.

Peeping Tom' s final image of an empty cinema screen would have a particular irony for the filmmakers, in that the controversy and box-office failure that bedevilled the film drove Powell into the dark. *Peeping Tom* ended Powell's film career in Britain; although he subsequently made a few episodes for television series such as *The Defenders* and *Espionage*, he had to go to Australia to make his last couple of movies. The film itself was indeed 'flushed' underground. Such a forceful *übertext* made for popular consumption was relegated as a discreet subtext once again.

It is worth comparing *Peeping Tom*'s reception to that of another film released the same year with which it bears an uncanny resemblance. Alfred Hitchcock's *Psycho* revisits the premise of a mild mannered young man, with a penchant for peeping on young women as a prelude to killing them. The films have eerily similar endings, that echo with the voices of the foreboding dead parent who was the cause of the trouble in the first place. (How much *Psycho* was influenced by Powell's film is hard to ascertain; Leo Marks recalls being approached by Hitchcock to help in the finishing of his film, though he turned the work

tourments que, dans son enfance, son père psychologue lui imposait afin d'observer, grâce aux images qu'il captait de lui, en quoi consistait la peur. En présentant la caméra comme un instrument de terreur et d'agression, *Peeping Tom* fait ressortir le caractère profondément inquiétant, maladif même, de cette cinéphilie. Être photographié, c'est être meurtri : outre les femmes égorgées, deux des modèles nus sont défigurés par des cicatrices et des ecchymoses, et Mark (lui-même victime) cache de douloureuses blessures émotionnelles.

La réflexion de *Peeping Tom* sur le cinéma écorche tout le monde au passage – tant le public que le réalisateur (Powell lui-même incarne le père sadique qui tourne sur Mark ses traumatisants petits films d'amateur en noir et blanc, et son propre fils Columba joue le rôle de l'enfant tourmenté – chose que les critiques des années 1960 ont trouvé particulièrement répugnante). Mark est un véritable agent double, dont les manœuvres en disent long sur les procédés du cinéma, lui qui s'applique à tourner son propre film dément (dont le montage final est, bien sûr, laissé à l'imagination du spectateur – et c'est là qu'intervient l'artiste Mark Lewis).

Le rouge est une couleur privilégiée dans les œuvres de Powell, et ici, une lumière rouge – rappelant celles qui servent à indiquer qu'on tourne en studio – teinte tout le film de couleur sang. Le ronronnement de la caméra et du projecteur, qui compose une bonne partie de la bande sonore, évoque davantage un râle d'agonie qu'une joyeuse virée. Même le premier plan du film (le logo de la compagnie de Powell, The Archers, dans lequel une flèche transperce le centre d'une cible) a, rétrospectivement, une inquiétante résonance. Une décennie avant que les théoriciens du cinéma ne se mettent à psychanalyser le rapport entre le spectateur et l'écran, Powell et Marks prenaient position sur le traumatisme sous-jacent au cinéma. *Peeping Tom* constituait une parfaite illustration de l'argument féministe lacanien selon lequel la fréquentation des cinémas tient à une impulsion sadique. Powell et Marks s'amusent même à mettre en scène un psychiatre plutôt bouffon mais réaliste qui a sa propre explication à donner du phénomène de la scopophilie.

Peeping Tom se clôt sur un écran vide, image particulièrement ironique quand on sait la controverse que le film a soulevée et l'échec commercial dont il a souffert. Powell ne put continuer à tourner en Grande-Bretagne et, bien qu'il ait par la suite réalisé quelques épisodes de téléséries comme *The Defenders* et *Espionage*, c'est en Australie qu'il termina sa carrière cinématographique. Banni des circuits traditionnels, *Peeping*

down). Yet while *Psycho* was also greeted by a shocked press, it went on to draw in phenomenal crowds (aided by the support of a major studio, Un versal), consolidating Hitchcock's reputation further. *Psycho* was the *succès de scandale* that *Peeping Tom* also deserved to be.

It was only with the reinstatement of Powell's (and Pressburger's) career through the late 1970s and 1980s by such film historians as Ian Christie and film directors as Martin Scorsese that *Peeping Tom* returned to the public eye. Finally re-released in the UK in 1994 (and in the US in 1999), it was televised for the first time on Channel Four as late as 1997. Meanwhile, one of the film's original detractors, *Sunday Times* critic, the late Dilys Powell, had the humility to recant. 'I hated [*Peeping Tom*] and, together with a great many other British critics, said so. Today, I find I am convinced it is a masterpiece.' To today's viewer, steeped in the ideas that the film was the first to unravel, it can seem hard to see what the fuss was all about. Perhaps its early 60s critics should have taken better heed of one of the film's final lines, as Mark's father's voice (Powell himself) resounds in the dark : 'Don't be a silly boy... there's nothing to be afraid of.' That the British establishment reacted so violently is perhaps an indication of the film's great achievement. In *Peeping Tom*, they knew that they had everything to be afraid of.

Lizzie Francke is Director of the Edinburgh International Film Festival. She has written as a film critic for, amongst others, *The Guardian*, *The Observer*, *The Independent* and *Sight & Sound*. She is the author of *Script Girls: Women Screenwriters in Hollywood* (1994).

Directrice du Festival international du film d'Édimbourg, **Lizzie Francke** a collaboré, comme critique cinématographique, notamment à *The Guardian*, *The Observer*, *The Independent* et *Sight & Sound*. Elle est l'auteure de *Script Girls : Women Screenwriters in Hollywood* (1994).

Tom lui-même entra dans la clandestinité. Une fois de plus, un texte riche et puissant, destiné au grand public, était relégué en simple note de bas de page.

Il vaut la peine de comparer la réception de *Peeping Tom* à celle d'un autre film sorti la même année, avec lequel il a une étrange ressemblance. *Psycho* (*Psychose*) d'Alfred Hitchcock est aussi l'histoire d'un jeune homme de bonnes manières qui épie des jeunes femmes avant de les tuer. Et il se termine de semblable et sinistre façon – par l'écho de la voix du parent décédé qui fut à l'origine de leur dérèglement. (Il est difficile de mesurer l'influence du film de Powell sur *Psycho*, mais Leo Marks raconte que Hitchcock lui a proposé de l'aider à terminer son film, ce qu'il a refusé.) Toutefois, malgré les hauts cris qu'il provoqua dans la presse, *Psycho* réussit à attirer les foules (aidé en cela par un grand studio, Universal) et consolida ainsi la réputation de Hitchcock. Or, le succès de scandale qu'il remporta, *Peeping Tom* le méritait tout autant.

Ce n'est qu'une fois Powell (et Pressburger) réhabilités, à la fin des années 1970 et dans les années 1980, par des historiens du cinéma comme Ian Christie et des réalisateurs comme Martin Scorsese, que *Peeping Tom* ressortit de l'ombre. Redistribué au Royaume-Uni en 1994 (et aux États-Unis en 1999), il ne fut pour la première fois présenté à la télévision britannique qu'en 1997. Entre-temps, l'un de ses premiers détracteurs, Dilys Powell, critique du *Sunday Times*, avait humblement confessé : « J'ai détesté [*Peeping Tom*] et, comme beaucoup d'autres critiques britanniques, je l'ai dit. Maintenant, je dois bien avouer que c'est un chef-d'œuvre. » Le public d'aujourd'hui, qui en a vu d'autres, comprend difficilement pourquoi on en a fait tout un plat. Les critiques du début des années 1960 auraient probablement mieux fait de retenir l'une des dernières phrases du film – que prononce le père de Mark (Powell lui-même) dont la voix retentit dans le noir : « Ne sois pas ridicule... tu n'as rien à craindre ». En réagissant si violemment, l'establishment britannique donnait peut-être au film sa plus grande victoire. Car il savait, lui, qu'il avait tout à craindre.

Solo Exhibitions:

2000
MAMCO (Musée d'art moderne et contemporain), Geneva, Switzerland, curated by Catherine Pavlovic

National Gallery of Canada, Ottawa, Canada, curated by Janice Seline

Norwich Gallery, Norwich, England, curated by Steven Bode and Lynda Morris

Patrick Painter, Inc., Santa Monica, USA (Mark Lewis and Paul McCarthy)

Quartier Éphémère, Montreal, Canada, public projection, curated by Caroline Andrieux

Rhona Hoffman Gallery, Chicago, USA

Site Gallery, Sheffield, England, curated by Steven Bode and Carol Maund

1999
Attitudes, Geneva, Switzerland, curated by Olivier Kaeser

Institute of Visual Arts, Milwaukee, USA, curated by Jérôme Sans

Patrick Painter Inc., Santa Monica, USA

1997
Patrick Painter Inc., Santa Monica, USA

Vancouver Art Gallery, Vancouver, Canada, curated by Grant Arnold

1996
Blum and Poe, Los Angeles, USA

Tramway, Glasgow, Scotland, curated by Charles Esche

1994
Haags Centrum voor Actuele Kunst (HCAK), The Hague, The Netherlands, curated by Phillip Peters, catalogue

Cold City Gallery, Toronto, Canada

UBC Fine Arts Gallery, Vancouver, Canada, curated by Scott Watson, catalogue

1992
de Beurs van Berlage, Amsterdam, The Netherlands, curated by Gert Meijerink

Witzenhausen Meijerink Gallery, Amsterdam, The Netherlands

1991
Dazibao, Center of Photography, Montreal, Canada, catalogue

Power Plant, Toronto, Canada, public art project, curated by Richard Rhodes

1990
VU, centre d'animation et de diffusion de la photographie, Quebec City, Canada, catalogue

Witzenhausen Meijerink Gallery, Amsterdam, The Netherlands

Selected Group Exhibitions:

2000
"Intelligence: New British Art 2000", Tate Britain, London, England, curated by Charles Esche and Virginia Button, catalogue

Third Taipei International Bienale of Contemporary Art, Taipei, Taiwan, curated by Manray Tsu and Jérôme Sans

"Wouldn't it be Nice", Gallerie Montevideo, Amsterdam, The Netherlands, curated by Marieka van Hal

1999
"Cinema Cinema: Contemporary Art and the Cinematic Experience", Van Abbemuseum, Eindhoven, The Netherlands, curated by Jaap Guldemond, catalogue

"Dis.location", Dortmund, Germany

"Dots and Loops", MK Gallerie, Rotterdam, The Netherlands, curated by Jason Coburn

"Filme: Reflexion in Der Kunst, Galerie fur Zietgenossische Kunst Leipzig", Leipzig, Germany, curated by Jan Winkelmann, catalogue

"Imago 99", Centro de Fotografia, Universidad de Salamanca, Salamanca, Spain, catalogue

"Objects in the Mirror are Closer Than You Think", Max Hetzler Gallery, Berlin, Germany, curated by Wolfram Aue

1998
"Artificials", Museu d'art contemporani, Barcelona, Spain, curated by Jose Labrero Stals, catalogue

"New Work", Patrick Painter Inc., Santa Monica, USA

1997
"Architectural Expressions", Vancouver Art Gallery, Vancouver, Canada, curated by Bruce Grenville

"Artists working with Film", Spot Gallery, New York, USA, curated by Warren Neidich

"Festival International du Film sur l'art", Montreal, Canada (Jury Prize)

"One Minute Scenario", Printemps de Cahors, France, curated by Jérôme Sans, catalogue

"Rotterdam International Film Festival", Rotterdam, The Netherlands

"Tampering with the Reel", Artists Space, New York, USA, curated by Pit Bay

"Vancouver International Film Festival", Vancouver, Canada

1996
"Les Contes de fees se terminent bien", Fonds régional d'art contemporain de Haute-Normandie, Rouen, France, curated by Alexandra Midal, catalogue

"Nomadia", De Vallserberg, Rotterdam, The Netherlands, catalogue

"Reading and Re-reading", Oakville Galleries, Oakville, Canada, catalogue

1995
"Film and Arc Graz", Graz, Austria

"Irresistable Liaisons", Mecano, Amsterdam, The Netherlands, curated by Nelly Voorhuis

"L'Effét cinema", Musée d'art contemporain, Montreal, Canada, curated by Réal Lussier, catalogue

1994
"The Human Condition: Hope and Despair at the End of the Century", The Spiral Building, Tokyo, Japan, curated by Nanjo Fujimo and Dana Friis-Hansen, catalogue

1993
"Viennese Story", Wiener Secession, Vienna, Austria, curated by Jérôme Sans, catalogue

1992
"Pour la suite du Monde", Musée d'art contemporain de Montréal, Montreal, Canada, curated by Réal Lussier and Gilles Godmer, catalogue

1991
"Confrontations", Witzenhausen Meijerink Gallery, Amsterdam, The Netherlands

"Excavating the Present", Kettles Yard, Cambridge, England, curated by Charles Esche, catalogue

"Landscape to Gender – Changing Contexts", Walter Phillips, Banff, Canada, curated by Helga Pakaasar

"Sterischer Herbst '91: Das Offentliche Bild", Forum Stadtpark, Graz, Austria, curated by Christine Frisingelli

1990
"Art Creating Society", Museum of Modern Art, Oxford, England, curated by Stephen Willats

"Diagnosis", Art Gallery of York University, Toronto, Canada, curated by Catherine Crowsten, catalogue

"Oppositions: Rotterdam Photography Biennale", Rotterdam, The Netherlands, curated by Bas Vorege, catalogue

Expositions individuelles

2000
MAMCO (Musée d'art mocerne et contemporain), Genève (Suisse), organisée par Catherine Pavlovic

Musée des beaux-arts du Canada, Ottawa (Canada), organisée par Janice Seline

Norwich Gallery, Norwich (Angleterre), organisée par Steven Bode et Lynda Morris

Patrick Painter Inc., Santa Monica (É.-U.) (Mark Lewis et Paul McCarthy)

Quartier Éphémère, Montréal (Canada), projection publique, organisée par Caroline Andrieux

Rhona Hoffman Gallery, Chicago (É.-U.)

Site Gallery, Sheffield (Angleterre), organisée par Steven Bode et Carol Maund

1999
Attitudes, Genève (Suisse), organisée par Olivier Kaeser

Institute of Visual Arts, Milwaukee (É.-U.), organisée par Jérôme Sans

Patrick Painter Inc., Santa Monica (É.-U.)

1997
Patrick Painter Inc., Santa Monica (É.-U.)

Vancouver Art Gallery, Vancouver (Canada), organisée par Grant Arnold

1996
Blum and Poe, Los Angeles (É.-U.)

Tramway, Glasgow (Écosse), organisée par Charles Esche

1994
Haags Centrum voor Aktuele Kunst (Centre pour l'art actuel de La Haye) (HCAK), La Haye (Pays-Bas), organisée par Phillip Peters, catalogue

Cold City Gallery, Toronto (Canada)

UBC Fine Arts Gallery, Vancouver (Canada), organisée par Scott Watson, catalogue

1992
de Beurs van Berlage, Amsterdam (Pays-Bas), organisée par Gert Meijerink

Witzenhausen Meijerink Gallery, Amsterdam (Pays-Bas)

1991
Dazibao, Centre de photographie actuelle, Montréal (Canada), catalogue

Power Plant, Toronto (Canada), projet d'art publique, organisée par Richard Rhodes

1990
VU, Centre d'animation et de diffusion de la photographie, Ville de Québec (Canada), catalogue

Witzenhausen Meijerink Gallery, Amsterdam (Pays-Bas)

Principales expositions collectives

2000
"Intelligence: New British Art 2000," Tate Britain, Londres (Angleterre), organisée par Charles Esche et Virginia Button, catalogue

Troisième bienale international d'art contemporain, Taipei (Taiwan), organisée par Manray Tsu et Jérôme Sans

"Wouldn't it be Nice," Gallerie Montevideo, Amsterdam (Pays-Bas), organisée par Marieka van Hal

1999
"Cinéma Cinéma: Contemporary Art and the Cinematic Experience," Van Abbemuseum, Eindhoven (Pays-Bas), organisée par Jaap Guldemond, catalogue

"Dis.location," Dortmund (Allemagne)

"Dots and Loops," MK Gallerie, Rotterdam (Pays-Bas), organisée par Jason Coburn

"Filme: Reflexion in Der Kunst," Galerie fur Zietgenossische Kunst Leipzig, Leipzig (Allemagne), organisée par Jan Winkelmann, catalogue

"Imago 99," Centro de Fotographia, Universidad de Salamanca, Salamanca (Espagne), catalogue

"Objects in the Mirror are Closer than You Think," Max Hetzler Gallery, Berlin (Allemagne), organisée par Wolfram Aue

1998
"Artificials," Museu d'art contemporani, Barcelona (Espagne), organisée par Jose Labrero Stals, catalogue.

"New Work," Patrick Painter Inc., Santa Monica (É.-U.)

"Architectural Expressions," Vancouver Art Gallery, Vancouver (Canada), organisée par Bruce Grenville

"Artists Working with Film," Spot Gallery, New York (É.-U.), organisée par Warren Neidich

"Festival International du Film sur l'Art", Montréal (Canada), Prix du jury

"One Minute Scenario," Printemps de Cahors (France), organisée par Jérôme Sans, catalogue

"Rotterdam International Film Festival," Rotterdam (Pays-Bas)

"Tampering with the Reel," Artists Space, New York (É.-U.), organisée par Pit Bay

"Vancouver International Film Festival," Vancouver (Canada)

1996
"Les Contes de fées se terminent bien," Fonds régional d'art contemporain de Haute-Normandie, Rouen (France), organisée par Alexandra Midal, catalogue

"Nomadia," De Vallserberg, Rotterdam (Pays-Bas), catalogue

"Reading and Re-reading," Oakville Galleries, Oakville (Canada), catalogue

1995
"Film and Arc Graz," Graz (Autriche)

"Irresistable Liaisons," Mecano, Amsterdam (Pays-Bas), organisée par Nelly Voorhuis

"L'Effet cinéma," Musée d'art contemporain de Montréal, Montréal (Canada), organisée par Réal Lussier

1994
"The Human Condition: Hope and Despair at the End of the Century," The Spiral Building, Tokyo (Japon), organisée par Nanjo Fujimo et Dana Friis-Hansen, catalogue

1993
"Viennese Story," Wiener Secession, Vienne (Autriche), organisée par Jérôme Sans, catalogue

1992
"Pour la suite du Monde," Musée d'art contemporain de Montréal, Montréal (Canada), organisée par Réal Lussier et Gilles Godmer, catalogue

1991
"Confrontations," Witzenhausen Meijerink Gallery, Amsterdam (Pays-Bas)

"Excavating the Present," Kettles Yard, Cambridge (Angleterre), organisée par Charles Esche, catalogue

"Landscape to Gender - Changing Contexts," Walter Phillips Gallery, Banff (Canada), organisée par Helga Pakaasar

"Sterischer Herbst '91: Das Offentliche Bild," Forum Stadtpark, Graz (Autriche), organisée par Christine Frisingelli

1990
"Art Creating Society," Museum of Modern Art, Oxford (Angleterre), organisée par Stephen Willats

"Diagnosis," Art Gallery of York University, Toronto (Canada), organisée par Catherine Crowston, catalogue

"Oppositions: Rotterdam Photography Biennale," Rotterdam (Pays-Bas), organisée par Bas Vorege, catalogue

Mark Lewis Films 1995–2000

Two Impossible Films (1995-1997)

Cast: John O'Brian, Francoise Yip, Shep Steiner, Michael Jocelyn, Phil Hazel, Jeff Chivers, Amy Valee, Suzanne Cauin, Mario Battista, Joe Doserro, John Profit, Richard Schmidt, Alex Jacques, Bill Kerr, Johanne Kerr, Jonathon Bormenstein, Deborah Moore, Ken Wright, Paul Cumm, Lucy Moojabher, Tony Beck, Duncan McCullum, Aisha Schliessler, Olivia Gagnon, Heather McCarthy, Patrick Painter, Jeff Wall, Daniel Congdon, Wendy Chang, Bob Rennie; **Crew**: Producer: Christine Haebler; Production Manager: Patricia Baum; Executive Producer: Tobias Schliessler; Associate Producer: Karen Powell; Director of Photography: Brian Pearson; Editor: Reginald Harkema; 1st Assistant Director: Bonnie Benwick; 2nd Assistant Director: Kathy Broughton; 3rd Assistant Director: Karen Powell; Script Supervisor: Cheryl Moojabber; Focus Puller: Simon Jory; 2nd Camera Assistant: Carol MacDonald; 3rd Camera Assistant: Rod Mawson; Stills Photography: Mark Wasuita, Roy Arden; Location Manager: Curtis Campbell; Asst Location Manager: James Kealey; Gaffer: Todd Ellizan; Best Boy Electric: Conrad Franz; Key Grip: Dave Cameron; Best Boy Grip: Drew David; Electricians: Ryan Munroe, Peter Fitzgerald, Grips: Roudell Gerber, Tyler Flett; Art Director: Siobhann O'Keefe; Casting: Cyd Schultz; Wardrobe: Tracey Pimcott; Set Decorator: Ted Evans; Make-up: Johnny Bellis; Sound Mixer: Joe Schliessler; Boom Operator: Bill Sheppard; Property Manager: Michael Bevis; Storyboard: James Keeley; Construction: Roland Haebler, Carah Hodge; Accountant: Cindi Harmon; Caterers: Sandi Bennett, Critics Choice; Craft Services: Deena Melon; Post Coordinator: Anne Simonet; Assistant Editor: Janel Hassine; Audio Supervisor: Gael Maclean; Sound Editor: Andrea Mitchell; Titles: Steven Wadell; Opticals : Film Opticals of Canada Ltd; Colour: Deluxe Toronto; Script Consultant: Roger Larry; Helicopter Pilot: Jeff Palmer; **Funding**: Canada Council for the Arts, Ontario Arts Council, Le Musée d'art contemporain de Montreal, The Belkin Gallery, Vancouver, Tramway, Glasgow, Terry Clairmont, George Margellos, Telefilm Canada, Ontario Government through the Ministry of Culture.

A Sense of The End (1996)

Cast: Hazel Ann Crawford, Craig Smith, Jasaveer Sandhu, Mark Pediani, Ian McLean, Stewart Preston, Joanna Tope, Billy Mack, Janice Draper, Janie MacDougall, Matt Costello, Michael Crooks, Suzanna Ritchie, Jim Lambert, Stephen Duffy, Douglas Hill, Stephen McCreadie, Stephen Ferguson, John Bratessani, Libby McArthur, Kat Borriskewich, Douglas Burns, Willie Blair; **Crew**: Producer: Charles Esche; Executive Producer: Hilary Stirling; Director of Photography: Brian Pearson; Editors: Reginald Harkema, Janel Hassine, 1st Assistant Director: Miglet Crichton; Production Manager: Hilary Stirling; 2nd Assistant Director: Fionna Winning; 3rd Assistant: Director: Angela Murray; Camera Assistant: Francis Kramer; Gaffer: John McIntosh; Grip: Lucien Grieve; Best Boy Electric: John Duncan; Titles: Stephen Waddell; Sound: Colin Macnab; Boom Operators: Kenny Allen, Paul Goulay; Continuity: Louise Crichton; Stills: Kat Borriskewich; Make-up: Nicki Brennan; Runner: Phillipa Maye; 2nd Runner: Stuart Phillips; Sound Supervisors: Alex Downie, Gail McLean; Sound Editor: J D Hoffer; Sound Mixer: Chris James; Asst. Sound Mixer: Philip Hunter; Voice Over: Koralee Nickarz; Colour Timer: Larry Engelmann; Online Editor: Doug Woods; **Services**: Post Haste, Vancouver; Alpha Cine, Vancouver, Comet Post Production, Vancouver, Airwaves Sound Design, Vancouver, Lee Lighting, Glasgow, GHS, Glasgow; **Funding**: Tramway, Glasgow, FRAC, Haute-Normandie, Rouen, France, Scottish Arts Council, Glasgow City Council, British Columbia Cultural Services, Government of Canada through the Department of Foreign Affairs and International Trade, Canadian High Commission, London, Prudential Corporation PLC.

Upside Down Touch of Evil (1997)

Cast: Jeff Burnett, Ingrid Tesch, Jim Bremner, Janice Lang, Wayne Kulachkowski, Peter Taraviras; **Crew**: Producer: Helena Bartuccio; Director of Photography: Michael Marshall; Camera Operator: Glen Winter; Editor: Janel Hassine; Focus Puller: Brian Johnson; Camera Loader: Aki Shigmatsu; 1st Assistant Director: J P Holecka; 2nd Assistant Director: Michael Votruba; 3rd Assistant Director: Mathew Buck; Art Director: Hank Mann; Gaffer: Cory Hodson; Lamp Operator: Jason Palmer; Electric: Tom Rogers; Key Grip: Peter Wilke; Grips: Mark Neville, Kent Ogilvie; Location Manager: Allan Bartolic; Asst Location Manager: Chris Yost; Casting Director: Melissa Perry; Wardrobe: Genevieve Kidd; Continuity: Montse Niube, Nathalie Drache; Set Decoration: Lisa Mitchell, Sebastian Templer, Lori West, Stephanie Clark; Production Assistants: Paul Chatman, Jennifer Fisher, Les Lucas, Robyn Holland, Grant Greschuk; **Services**: Clairmont Cameras, Grip Syndicate, W F Whites Ltd., Shoreline Studios, Kodak, Gastown Labs, Gastown Post and Transfer, Comet Post Production, Sedgwick Ltd.; **Funding**: Visual Arts Forum Society, Telefilm Canada, Canada Council for the Arts.

The Pitch (1998)

Crew: Director of Photography: Jess Hall; Production Manager: Bevis Bowden; Focus Puller: James Bishop; Sound Mixer: Rupert Ivy; Production Assistants: Neil Chapman; Photography: Gina Tortecello; Telecine: Tareq at VTR; DVD Pressing: The Digital Group; **Services**: Panavision UK, Kodak, VTR; **Funding**: Central Saint Martins College of Art and Design, London, Canada Council for the Arts.

Centrale (1999)

Cast: Lucy Whybrow, Roger Wright, Jonathon Viner, John Hun, Janice Kerbel, Pernille Leggat Ramfert; **Crew**: Director of Photography: Oleg Poupko; First Assistant Camera: Jenny John Chung; Production Manager: Bevis Bowden; Assistant Production Manager: Matt Randall; Runner: Gary Fischer; Gaffer: Paul Sharp; Photography: Janice Kerbel; Colour Timer: Tareq at VTR; **Services**: Restaurant Centrale, Soho, VTR Post Production Services, Kodak UK, Soho Images, Panavision UK, The Machine Room, The Electric Lighting Company, Storm Actors Management, National Car Rental, Stanley Productions; **Funding**: Central Saint Martins College of Art and Design, London, Canada Council for the Arts, The Millenium Fund of the Canada Council for the Arts.

After (Made for TV) (1999)

Cast: Kelly Benson, Darcey Laurie, Olivia Gagnon, Warren Takeuchi, Sandra Fens, Benz Antoine, Janice Langi, Valerie Fawkes; **Crew**: Producer: Helena Bartuccio; Directors of Photography: Brian Pearson, Michael Marshall; Editor: Joshua Charson; Second Editor: Janel Hassine; Camera Operator: Glen Winter; First Assistants Camera: Rod Mawson, Brian Johnson; Second Assistants Camera: Paul Coons, Dean Hannas; Stedicam Operator: Marty McInally; First Assistant Directors: Greg Zenon, J P Holeka; Second Assistant Director: Stephanie Browne; Production Managers: Helena Bartuccio, Roberta Cenedese; Assistant Production Manager: Grant Greschuk; Art Directors: Greg Dewar, Hank Mann; Assistant Art Director: Sophie Vayda; Gaffers: Dave Hutton, Johnny Mac, Cory Hodscn; Electrics: Ann Wraith, Tom Rogers; Lamp Operator: Jason Palmer; Key Grips: Mike Taschereau, Peter Wilke; Grips: Mark Neville, Kent Ogilvie; Swings: James Beguin, Steve Sherlock, Darren Collins, Mat Almas, Stuart Andrews; Location Managers: Bill Zaitrow, Alan Bartolic; Casting Director: Mellisa Perry; Wardrobe and Stylists: Valerie Fawkes, Genevieve Kidd; Continuity: Suzel Malm, Montse Niube, Nathalie Drache; Sound: Jeff Carter, Jean Luc Perron; Booms: Sarah Kohlman, Harris Taylor, Thor Anderson; Production Assistants: Louise Haut, Fesel Lutchmedial, Dena Nishizaki, Paul Chatman, Jennifer Fisher, Les Lucas, Robyn Holland; Set Decorators: Lisa Mitchell, Sebastien Templer, Lori West, Stephanie Clark; **Services**: Clairmont Cameras Canada, Grip Syndicate, Calgary, W.F. Whites, Vancouver, Kodak Canada, Location Sound, Airwaves Sound Design, Vancouver, Gastown Labs, Vancouver, Comet Post Production, Vancouver, Sedgwick Ltd., Encore Video, Los Angeles, Profiler, Los Angeles and Shoreline Studios, Vancouver; **Funding**: National Film Board of Canada, Telefilm Canada, British Columbia Arts Council, Canada Council for the Arts, Central Saint Martins College of Art and Design, London.

Peeping Tom (2000)

Cast: David Sibley, Walter James, Paul Hickey, Claire Rushbrook, Nonie Bradley, Anna Madeley, Rupert Penry Jones, Anna Walton, Ciaran Macintyre; **Crew**: Producer: Christopher Collins; Executive Producer: Steven Bode; Director of Photography: Tim Palmer; Production Designer: Alix Harwood; Costume Designer: Alison Mitchell; Casting Director: Chloe Emmerson; Associate Producer: Jacqui Timberlake; Production Co-ordinator: Bevis Bowden; Focus Puller: Jo Blackwell; Grip: Frank Hellebrand; Gaffer: Richard Barber; Wardrobe Supervisor: Michael Weldon; Make-up: Stephen Murphy; Clapper Loader: Charles Lyon; Electricians: Brian Miller, John Burke, Athan Osborne; Construction Manager: Keith Harvey; Stills Photographer: Anders Kjaergaard; Editors: Martin Strike, Paul Hicks; Assistant Editor: Jamie MacCallum; Colourist: Jamie Wilkinson at VTR; Online Operator: Mark Wickens; **Services**: take 2 Film Services, AFM, Production Cars, Solomon Artists Management, Deluxe, Kodak, Tru-Cut, Frontline TV, The Saville Group, The Digital Group, VTR Post Production Services; **Special Thanks**: Cine-Contact, Peter and Janine Jackson, Bernhard Starkmann, Neil Mockler, Rasa Samudra Restaurant, Steven Schofield, Vince Wild, Giannaro at Yum Yum's Cafe, Ealing Studios, Tareq and Jamie Wilkinson at VTR, City of Westminster; **Funding**: National Lottery through the Arts Council of England, Canadian Department of Foreign Affairs and International Trade, Canadian High Commission, London, National Gallery of Canada, Yorkshire Arts, Eastern Arts, Institute of Visual Arts *(inova)*, University of Wisconsin, Milwaukee, Canada Council for the Arts, Central Saint Martins College of Art and Design, London.

Smithfield (2000)

Cast: Vinny Dhillon; **Crew**: Producer: Emma Fowler; Director of Photography: Roman Osin; Casting Director: Chloe Emmerson; Focus Puller: Rupert Hornstein; Clapper Loader: Charlotte Ginsberg; Key Grip: Andy Hickman; Gaffer: Julian White; Best Boy: Robert Collins; Production Manager: Bevis Bowden; Production Assistants: Colin Guillemet, Hamish Dunbar, Simon Atkinson, Pernille Leggat Ramfert, Matt Phillips, Kim Hyoung-Tae; Telecine: Jamie Wilkinson; Online; Mark Wickens; **Services**: Kodak UK, Colour Film Services, Panavision, Barnes Hire, Corporation of London, Islington Film Office, VTR, Frontline TV; **Funding**: Quartier Éphémère, Montreal, The British Council, Canada Council for the Arts, The Millenium Fund of the Canada Council for the Arts, Central Saint Martins College of Art and Design, London.

Two Impossible Films (1995-1997)

Interprétation: John O'Brian, Francoise Yip, Shep Steiner, Michael Jocelyn, Phil Hazel, Jeff Chivers, Amy Valee, Suzanne Cauin, Mario Battista, Joe Doserro, John Profit, Richard Schmidt, Alex Jacques, Bill Kerr, Johanne Kerr, Jonathon Bormenstein, Deborah Moore, Ken Wright, Paul Cumm, Lucy Moojabher, Tony Beck, Duncan McCullum, Aisha Schliessler, Olivia Gagnon, Heather McCarthy, Patrick Painter, Jeff Wall, Daniel Congdon, Wendy Chang, Bob Rennie; **Équipe**: Producteur: Christine Haebler; Directeur de production: Patricia Baum; Producteur exécutif: Tobias Schliessler; Producteur associé: Karen Powell; Directeur de la photographie: Brian Pearson; Chef monteur: Reginald Harkema; Premier assistant réalisateur: Bonnie Benwick; Deuxième assistant réalisateur: Kathy Broughton; Troisième assistant réalisateur: Karen Powell; Supervision du découpage définitif: Cheryl Moojabher; Assistant caméraman: Simon Jory; Deuxième assistant à la caméra: Carol MacDonald; Troisième assistant à la caméra: Rod Mawson; Photographie de plateau: Mark Wasuita, Roy Arden; Gérant des lieux de tournage: Curtis Campbell; Assistant gérant des lieux de tournage: James Kealey; Chef électricien: Todd Ellizan; Best Boy (électricité): Conrad Franz; Chef machiniste de plateau: Dave Cameron; Best Boy (machiniste de plateau): Drew David; Électriciens: Ryan Munroe, Peter Fitzgerald; Machinistes de plateau: Roudell Gerber, Tyler Flett; Directeur artistique: Siobhann O'Keefe; Régisseur d'acteurs: Cyd Schulz; Costumes: Tracey Pimcott; Ensemblier: Ted Evans; Maquillage: Johnny Bellis; Mixeur de son: Joe Schliessler; Perchman: Bill Sheppard; Accessoiriste: Michael Bevis; Scénarimage: James Keeley; Construction: Roland Haebler, Carah Hodge; Comptable: Cindi Harmon; Fournisseurs: Sandi Bennett, Critics Choice; Services artisanals: Deena Melon; Co-ordinateur après-tournage: Anne Simonet; Assistant au montage: Janel Hassime; Ingénieur du son: Gael Maclean; Monteur son: Andrea Mitchell; Titres: Steven Waddell; Effets optiques: Film Opticals of Canada Ltd.; Couleur: Deluxe Toronto; Consultant au découpage définitif: Roger Larry; Pilote de l'hélicoptère: Jeff Palmer; **Appui financier**: Le Conseil des Arts du Canada, Le Conseil des arts de l'Ontario, Le Musée d'art contemporair de Montréal, Belkin Gallery (Vancouver), Tramway (Glasgow), Terry Clairmont, George Margellos, Téléfilm Canada, Gouvernement de l'Ontario par l'entremise du Ministère de la Culture.

A Sense of The End (1996)

Interprétation: Hazel Ann Crawford, Craig Smith, Jasaveer Sandhu, Mark Pediani, Ian McLean, Stewart Preston, Joanna Tope, Billy Mack, Janice Draper, Janie MacDougall, Matt Costello, Michael Crooks, Suzanna Ritchie, Jim Lambert, Stephen Duffy, Douglas Hill, Stephen McCreadie, Stephen Ferguson, John Bratessani, Libby McArthur, Kat Borriskewich, Douglas Burns, Willie Blair; **Équipe**: Producteur: Charles Esche; Producteur exécutif: Hilary Stirling; Directeur de la photographie: Brian Pearson; Chefs monteurs: Reginald Harkema, Janel Hassine; Premier assistant réalisateur: Miglet Crichton; Directeur de production: Hilary Stirling; Deuxième assistant réalisateur: Fionna Winning; Troisième assistant réalisateur: Angela Murray; Assistant à la caméra: Francis Kramer; Chef électricien: John McIntosh; Machiniste de plateau: Lucien Grieve; Best Boy (électricité): John Duncan; Titres: Stephen Waddell; Son: Colin Macnab; Perchmans: Kenny Allen, Paul Goulay; Scripte: Louise Crichton; Photographie de plateau: Kat Borriskewich; Maquillage: Nicki Brennan; Grouillot: Phillipa Maye; Deuxième grouillot: Stuart Phillips; Ingénieurs du son: Alex Downie, Gail McLean; Monteur son: J D Hoffer; Mixeur: Chris James; Assistant mixeur: Philip Hunter; Voix hors champ: Koralee Nickarz; (Colour Timer) Synchroniseur de couleur: Larry Engelmann; Monteur 'on-line': Doug Woods; **Services**: Post Haste (Vancouver); Alpha Cine (Vancouver), Cornet Post Production (Vanccuver), Airwaves Sound Design (Vancouver), Lee Lighting (Glasgow), GHS (Glasgow) **Appui financier**: Tramway (Glasgow), FRAC (Haute-Normandie, Rouen, France), Scottish Arts Council, Glasgow City Council, British Columbia Cultural Services, Gouvernement du Canada par l'entremise du Département canadien des Affaires Étrangères, Le Haut-commissariat canadien (Londres), The Prudential Corporation, PLC.

Upside Down Touch of Evil (1997)

Interprétation: Jeff Burnett, Ingrid Tesch, Jim Bremner, Janice Lang, Wayne Kulachkowski, Peter Taraviras; **Équipe**: Producteur: Helena Bartuccio; Directeur de la photographie: Michael Marshall; Caméraman: Glen Winter; Chef monteur: Janel Hassine; Assistant caméraman: Brian Johnson; Chargeur de caméra: Aki Shigmatsu; Premier assistant réalisateur: J P Holecka; Deuxième assistant réalisateur: Michael Votruba; Troisième assistant réalisateur: Mathew Buck; Directeur artistique: Hank Mann; Chef électricien: Cory Hodson; Opérateur de l'éclairage: Jason Palmer; Électricité: Tom Rogers; Chef machiniste de plateau: Peter Wilke; Machinistes de plateau: Mark Neville, Kent Ogilvie; Gérant des lieux de tournage: Allan Bartolic; Assistant gérant des lieux de tournage: Chris Yost; Régisseur d'acteurs: Melissa Perry; Costumes: Genevieve Kidd; Scripts: Montse Niube, Nathalie Drache; Ensembliers: Lisa Mitchell, Sebastian Templer, Lori West, Stephanie Clark; Assistants à la production: Paul Chatman, Jennifer Fisher, Les Lucas, Robyn Holland, Grant Greschuk; **Services**: Clairmont Camera, Grip Syndicate, W. F. Whites Ltd., Shoreline Studios, Kodak, Gastown Labs, Gastown Post and Transfer, Comet Post Production, Sedgwick Ltd. **Appui financier**: Visual Arts Forum Society, Téléfilm Canada, Le Conseil des arts du Canada.

The Pitch (1998)

Équipe: Directeur de la photographie: Jess Hall; Directeur de production: Bevis Bowden; Assistant caméraman: James Bishop; Mixeur: Rupert Ivy; Assistants à la production: Neil Chapman; Opérateur de prises de vues: Gina Tortecello; Telecine: Tareq à VTR; Matriçage DVD: The Digital Group; **Services**: Panavision UK, Kodak, VTR, **Appui financier**: Central Saint Martins College of Art and Design (Londres), Le Conseil des arts du Canada.

Centrale (1999)

Interprétation: Lucy Whybrow, Roger Wright, Jonathon Viner, John Hun, Janice Kerbel, Pernille Leggat Ramfert; **Équipe**: Directeur de la photographie: Oleg Poupko; Premier assistant à la caméra: Jenny John Chung; Directeur de la production: Bevis Bowden; Assistant au directeur de la production: Matt Randall; Grouillot: Gary Fischer; Chef électricien: Paul Sharp; Opérateur de prises de vues: Janice Kerbel; Synchroniseur de couleur: Tareq à VTR; **Services**: Restaurant Centrale (Soho), VTR Post Production Services, Kodak UK, Soho Images, Panavision UK, The Machine Room, The Electric Lighting Company, Storm Actors Management, National Car Rental and Stanley Productions; **Appui financier**: Central Saint Martins College of Art and Design (Londres), Le Conseil des arts du Canada, Fonds du nouveau millénaire du Conseil des arts du Canada.

After (Made for TV) (1999)

Interprétation: Kelly Benson, Darcey Laurie, Olivia Gagnon, Warren Takeuchi, Sandra Fens, Benz Antoine, Janice Langi, Valerie Fawkes, **Équipe**: Producteur: Helena Bartuccio; Directeurs de la photographie: Brian Pearson, Michael Marshall; Chef monteur: Joshua Charson; Deuxième chef monteur: Janel Hassine; Caméraman: Glen Winter; Premiers assistants à la caméra: Rod Mawson, Brian Johnson; Deuxièmes assistants à la caméra: Paul Coons, Dean Hannas; Caméraman (Steadicam): Marty Mcinally; Premiers assistants réalisateurs: Greg Zenon, J P Holeka; Deuxième assistant réalisateur: Stephanie Browne; Assistants à la production: Helena Bartuccio, Roberta Cenedese; Assistant au directeur de la production: Grant Greschuk; Directeurs artistiques: Greg Dewar, Hank Mann; Assistant au directeur artistique: Sophie Vayda; Chefs électriciens: Dave Hutton, Johnny Mac, Cory Hodson; Électriciens: Ann Wraith, Tom Rogers; Opérateur de l'éclairage: Jason Palmer; Chefs machinistes de plateau: Mike Taschereau, Peter Wilke; Machinistes de plateau: Mark Neville, Kent Ogilvie; Swings: James Beguin, Steve Sherlock, Darren Collins, Mat Almas, Stuart Andrews; Gérants des lieux de tournage: Bill Zaitrow, Alan Bartolic; Régisseur des acteurs: Mellisa Perry; Costumes et coiffure: Valerie Fawkes, Genevieve Kidd; Scripts: Suzel Malm, Montse Niube et Nathalie Drache; Son: Jeff Carter, Jean Luc Perron; Perchmans: Sarah Kohlman, Harris Taylor, Thor Anderson; Assistants à la production: Louise Haut, Fesel Lutchmedial, Dena Nishizaki, Paul Chatman, Jennifer Fisher, Les Lucas et Robyn Holland; Ensembliers: Lisa Mitchell, Sebastien Templer, Lori West, Stephanie Clark; **Services**: Clairmont Camera Canada, Grip Syndicate (Calgary), W.F. Whites (Vancouver), Kodak Canada, Location Sound, Airwaves Sound Design (Vancouver), Gastown Labs (Vancouver), Comet Post Production (Vancouver), Sedgwick Ltd., Encore Video (Los Angeles), Profiler (Los Angeles), Shoreline Studios (Vancouver); **Appui financier**: L'Office national du film du Canada, Téléfilm (Canada), British Arts Council, Le Conseil des arts du Canada et Central Saint Martins College and Design (Londres).

Peeping Tom (2000)

Interprétation: David Sibley, Walter James, Paul Hickey, Claire Rushbrook, Nonie Bradley, Anna Madeley, Rupert Penry Jones, Anna Walton, Ciaran Macintyre; **Équipe**: Producteur: Christopher Collins; Producteur exécutif: Steven Bode; Directeur de la photographie: Tim Palmer; Superviseur artistique: Alix Harwood; Modélisateur: Alison Mitchell; Régisseur des acteurs: Chloe Emmerson; Producteur associé: Jacqui Timberlake; Coordinateur de la production: Bevis Bowden; Assistant caméraman: Jo Blackwell; Machiniste de plateau: Frank Hellebrand; Chef électricien: Richard Barber; Superviseur des costumes: Michael Weldon; Maquillage: Stephen Murphy; Chargeur du clapman: Charles Lyon; Électriciens: Brian Miller, John Burke, Athan Osborne; Superviseur de la construction: Keith Harvey; Photographe de plateau: Anders Kjaergaard; Chefs monteurs: Martin Strike, Paul Hicks; Assistant monteur: Jamie MacCallum; Maniement des couleurs: Jamie Wilkinson à VTR; Opérateur 'on-line': Mark Wickens; **Services**: take 2 Film Services, AFM, Production Cars, Solomon Artists Management, Deluxe, Kodak, Tru-Cut, Frontline TV, The Saville Group, The Digital Group, VTR Post Production Services; **Remerciements**: Cine-Contact, Peter et Janine Jackson, Bernhard Starkmann, Neil Mockler, Rasa Samudra Restaurant, Steven Schofield, Vince Wild, Giannaro au Yum Yum's Cafe, Ealing Studios, Tareq et Jamie Wilkinson à VTR, la Ville de Westminster; **Appui financier**: National Lottery par l'entremise du Arts Council of England, Le Département canadien des Affaires Étrangères, Le Haut-commissariat canadien (Londres), Le Musée des beaux-arts du Canada, Yorkshire Arts, Eastern Arts, Institute of Visual Arts (inova) University of Wisconsin, Milwaukee, Le Conseil des arts du Canada, Central Saint Martins College of Art and Design (Londres).

Smithfield (2000)

Interprétation: Vinny Dhillon **Équipe**: Producteur: Emma Fowler; Directeur de la photographie: Roman Osin; Régisseur des acteurs: Chloe Emmerson; Assistant caméraman: Rupert Hornstein; Chargeur du clapman (clapper loader): Charlotte Ginsberg; Chef machiniste de plateau: Andy Hickman; Chef électricien: Julian White; Best Boy: Robert Collins; Directeur de production: Bevis Bowden; Assistants à la production: Colin Guillemet, Hamish Dunbar, Simon Atkinson, Pernille Leggat Ramfert, Matt Phillips, Kim Hyoung-Tae; Telecine: Jamie Wilkinson, 'On-line': Mark Wickens; **Services**: Kodak UK; Colour Film Services; Panavision; Barnes Hire; Corporation of London; Islington Film Office; VTR; Frontline TV; **Appui financier**: Quartier Éphémère (Montréal), The British Council; Le Conseil des arts du Canada; Fonds du nouveau millénaire du Conseil des arts du Canada; Central Saint Martins College of Art and Design (Londres).

Colophon/Achevé d'imprimer

Mark Lewis Films 1995–2000

Published by Film and Video Umbrella
Edited by Steven Bode
Editorial Assistance: Fran Hortop
Translation: Danielle Chaput, Marcia Barr
Design: Secondary Modern
Installation Photographs (*Peeping Tom* and *Centrale*): Jerry Hardman-Jones
All other photographs courtesy of Patrick Painter Inc., Santa Monica, USA
Printed by Graficas Varona, Salamanca, Spain

ISBN: 0-9538634-0-9

Published to coincide with the Film and Video Umbrella's touring exhibition *Peeping Tom* shown at the Site Gallery, Sheffield, England, 5 February – 11 March 2000 and Norwich Gallery, Norwich, England, 7 June – 5 July 2000, and the exhibition *Mark Lewis Films 1995–2000* at the National Gallery of Canada, Ottawa, Canada, 20 October 2000 – 4 February 2001

Published in collaboration with the National Gallery of Canada and the Institute of Visual Arts (*inova*), University of Wisconsin, Milwaukee

Publication funded by the National Lottery through the Arts Council of England; National Gallery of Canada; Yorkshire Arts; Central St Martins College of Art and Design and Institute of Visual Arts (*inova*), University of Wisconsin, Milwaukee. Additional support from the University of Salamanca, Salamanca, Spain

Thanks to:
Carol Maund (Site Gallery, Sheffield); Lynda Morris (Norwich Gallery), Janice Seline, Irene Lillico, Amy Jenkins (National Gallery of Canada); Peter Doroshenko (Institute of Visual Arts (*inova*), University of Wisconsin, Milwaukee); Maggie Warwick (Canadian High Commission, London); Marie Case (Lottery Film Department, Arts Council of England); Cristina Zelich (University of Salamanca); Mike Jones, Caroline Smith, Keith Whittle (Film and Video Umbrella); David Curtis, Gary Thomas (Arts Council of England); Charlie Sayle (Frontline TV); Adrian Friedli (Yorkshire Arts); Alastair Haines, Niki Braithwaite, Martin Ayres (Eastern Arts); Peter Wooliscroft (The Digital Group); John Sills (The Saville Group); John Rendal (Panavision UK); Tareq, Jamie Wilkinson (VTR)

Special thanks to:
Olivia Gagnon, Janice Kerbel, Helena Bartuccio, Emma Fowler, Bevis Bowden, Derek Lewis, Kathleen Lewis, Christina Haebler, Bernhard Starkmann, Reginald Harkema, Christopher Collins, Alex Downie, Judith Mastai, Tim Palmer, Brian Pearson, Philip Peters, Bob Rennie, Tobias Schliessler, Scott Watson, Roger Larry

Works courtesy of:
Patrick Painter Inc. (Santa Monica, USA); Patrick Painter Editions (Vancouver, Canada); Vancouver Art Gallery (Vancouver, Canada); Private Collection (London, England); Film and Video Umbrella (London, England)

Film and Video Umbrella, Rugby Chambers, 2, Rugby Street, London WC1N 3QZ
Tel: 44 (0)20 7831 7753, Fax: 44 (0)20 7831 7746
e: info@fvu.co.uk www.fvumbrella.com

Publié par la Film and Video Umbrella
sous la direction de Steven Bode
avec le concours de Fran Hortop
Traduction : Danielle Chaput, Marcia Barr
Photographies des installations *Peeping Tom* et *Centrale* : Jerry Hardman-Jones
Autres photographies : gracieuseté de la Patrick Painter Inc., Santa Monica (É.-U.)
Ouvrage imprimé sur les presses de l'imprimerie Graficas Varona, Salamanque (Espagne) d'après les maquettes de Secondary Modern

ISBN : 0-9538634-0-9

Publié à l'occasion de l'exposition itinérante *Peeping Tom* organisée par le Film and Video Umbrella, exposée au Site Gallery (Sheffield, Angleterre) du 5 fevrier au 11 mars 2000 et au Norwich Gallery (Norwich, Angleterre) du 7 juin au 5 juillet 2000, et l'exposition *Mark Lewis Films 1995–2000* au Musée des beaux-arts du Canada (Ottawa, Canada) du 20 octobre 2000 au 4 février 2001

Publié en collaboration avec le Musée des beaux-arts du Canada et l'Institute of Visual Arts (*inova*), University of Wisconsin, Milwaukee

Publication subventionnée par la National Lottery par l'entremise de l'Arts Council of England; le Musée des beaux-arts du Canada; le Yorkshire Arts; le Central St Martins College of Art and Design et l'Institute of Visual Arts (*inova*), University of Wisconsin, Milwaukee. Avec la participation de l'Université de Salamanque (Espagne)

Merci à :
Carol Maund (Site Gallery, Sheffield); Lynda Morris (Norwich Gallery), Janice Seline, Irene Lillico, Amy Jenkins (Musée des beaux-arts du Canada); Peter Doroshenko (Institute of Visual Arts (*inova*), University of Wisconsin, Milwaukee); Maggie Warwick (Haute-commissariat du Canada, Londres); Marie Case (Lottery Film Department, Arts Council of England); Cristina Zelich (University of Salamanca); Mike Jones, Caroline Smith, Keith Whittle (Film and Video Umbrella); David Curtis, Gary Thomas (Arts Council of England); Charlie Sayle (Frontline TV); Adrian Friedli (Yorkshire Arts); Alastair Haines, Niki Braithwaite, Martin Ayres (Eastern Arts); Peter Wooliscroft (The Digital Group); John Sills (The Saville Group); John Rendal (Panavision UK); Tareq, Jamie Wilkinson (VTR)

Un merci tout spécial à :
Olivia Gagnon, Janice Kerbel, Helena Bartuccio, Emma Fowler, Bevis Bowden, Derek Lewis, Kathleen Lewis, Christina Haebler, Bernhard Starkmann, Reginald Harkema, Christopher Collins, Alex Downie, Judith Mastai, Tim Palmer, Brian Pearson, Philip Peters, Bob Rennie, Tobias Schliessler, Scott Watson, Roger Larry

Prêteurs :
Patrick Painter Inc. (Santa Monica, É.-U.); Patrick Painter Editions (Vancouver, Canada); Vancouver Art Gallery (Vancouver, Canada); Collection privée (Loncres, Angleterre); Film and Video Umbrella (Londres, Angleterre)

© Film and Video Umbrella, 2000

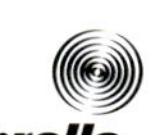
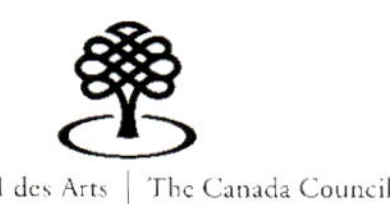
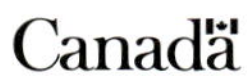
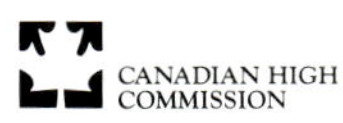
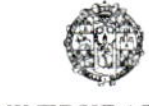
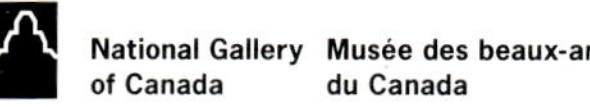
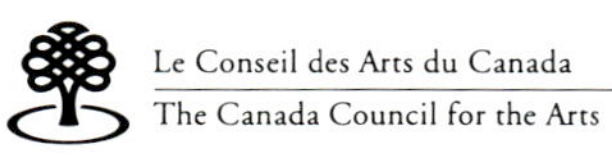
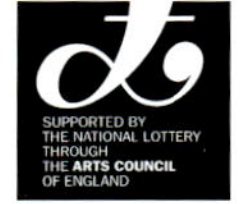
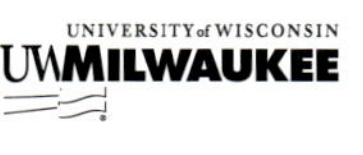

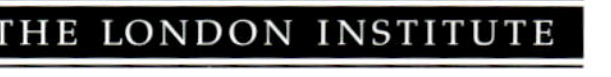
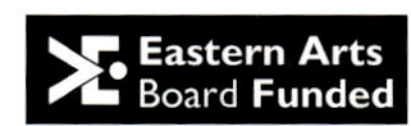
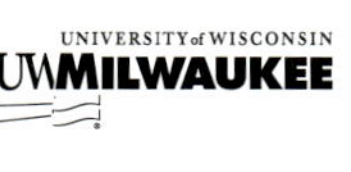
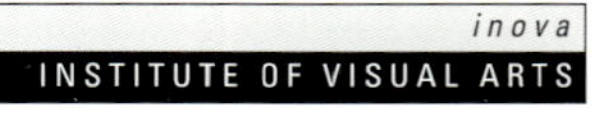
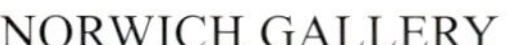
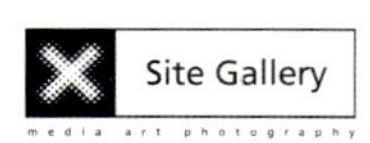
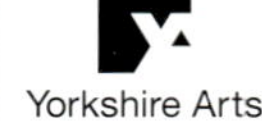
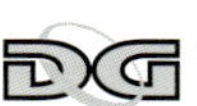
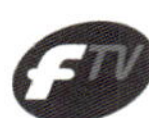

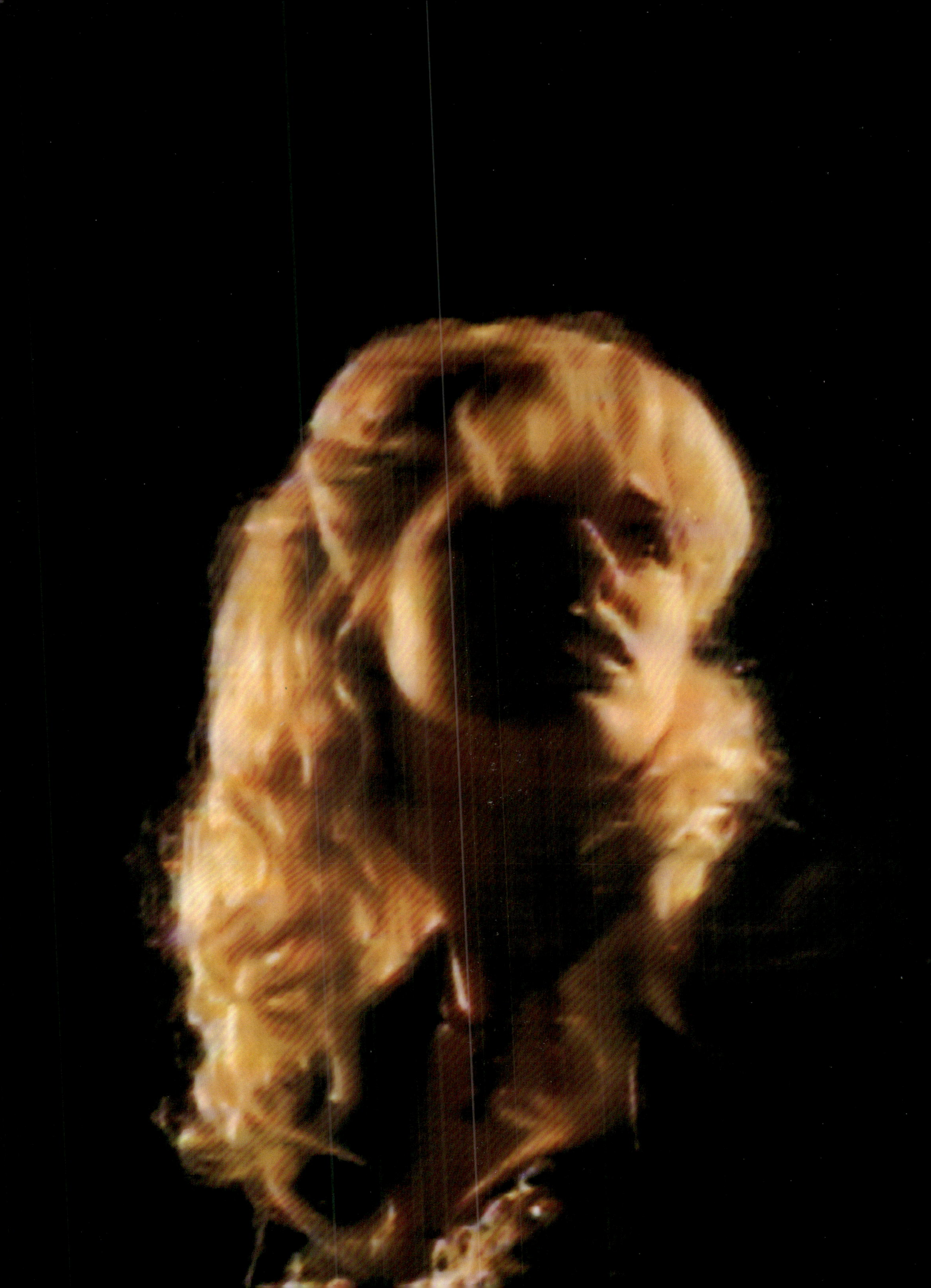

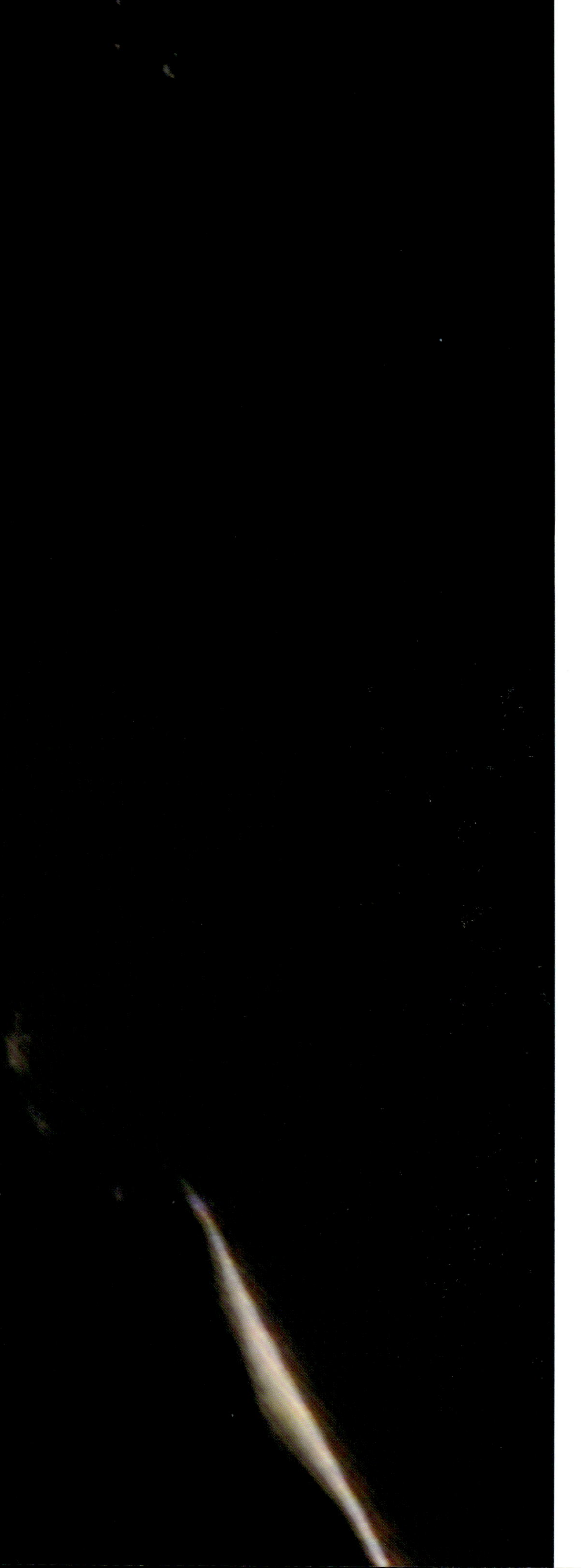

Pages 65–72:

After (Made for TV)
1999

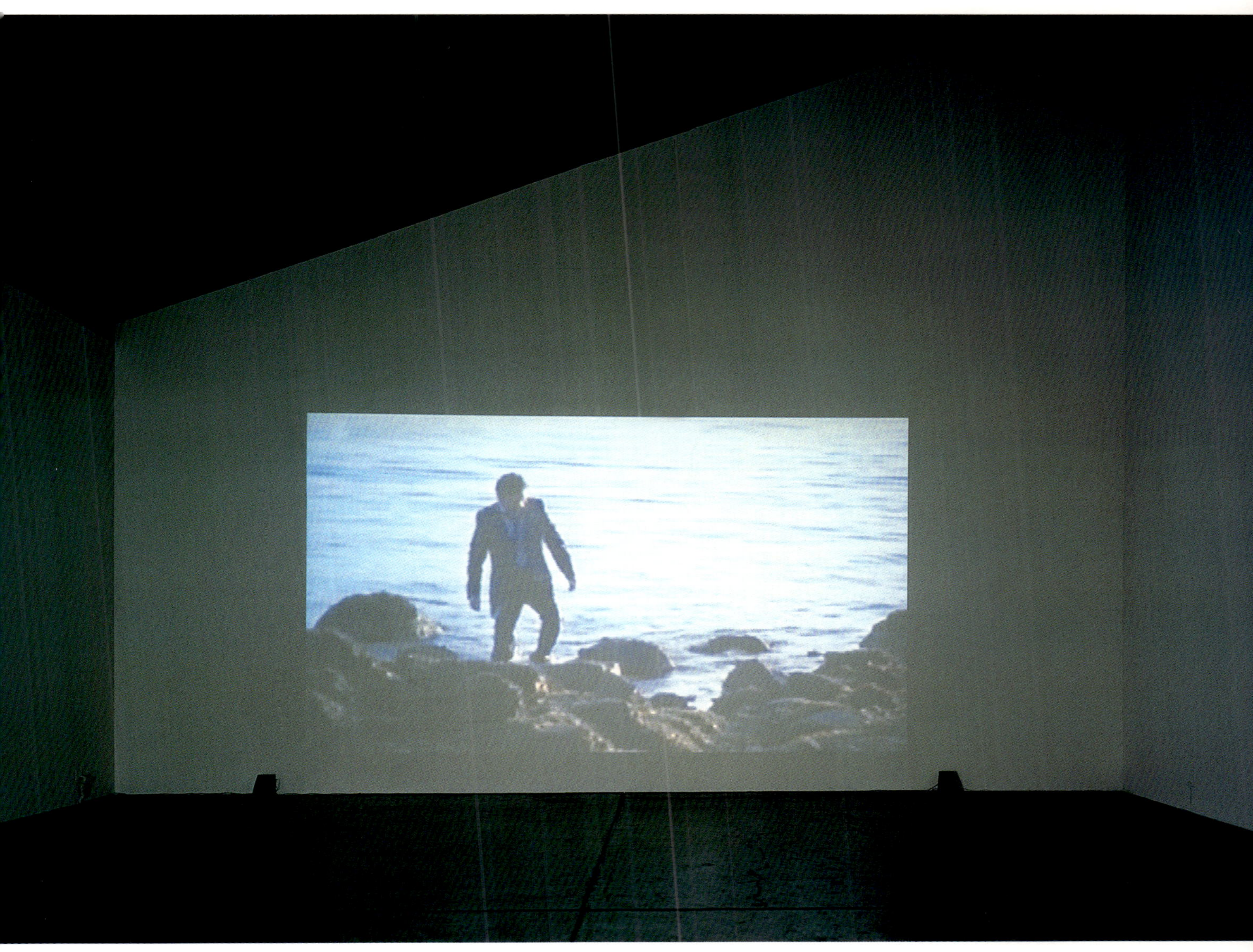

35mm, colour, transferred to laser disk
16 minutes (looped)
Pages 65–66: film still; pages 67–69: installation views;
pages 70–72: location shots

35mm, couleur, transféré au disque laser
Boucle de 16 minutes
Pages 65-66 : photo tirée du film; pages 67-69 : vues de
l'installation; pages 70-72 : extérieurs

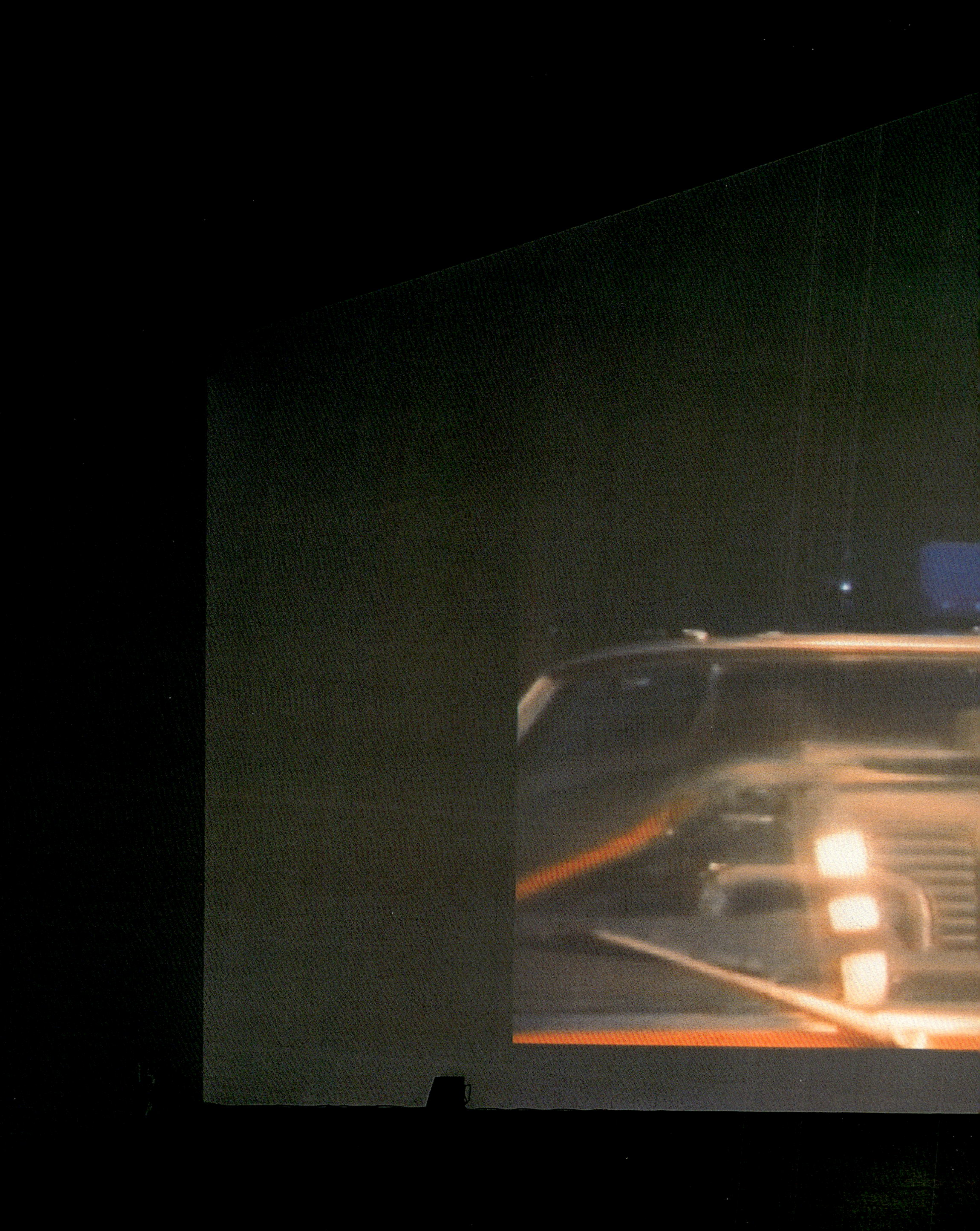

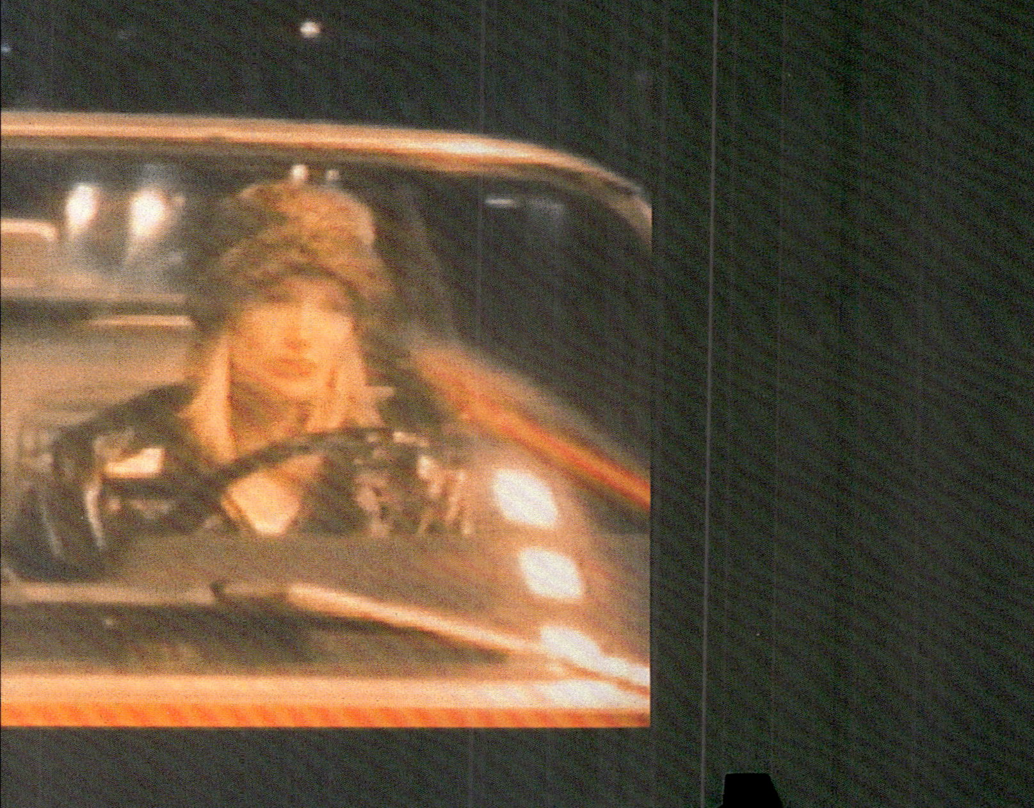

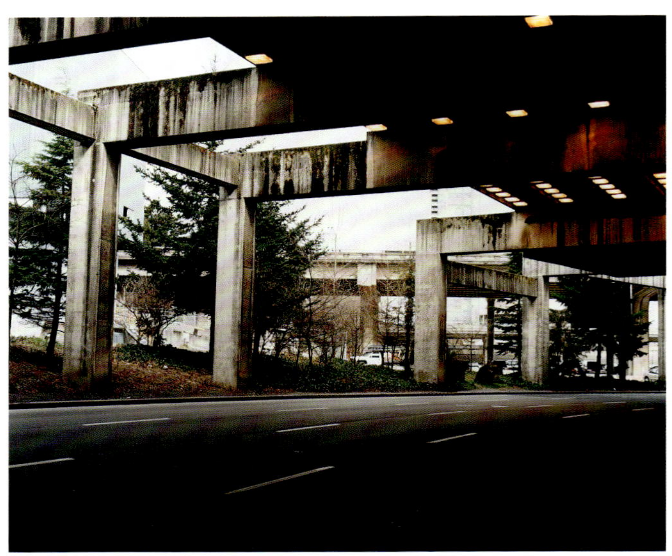

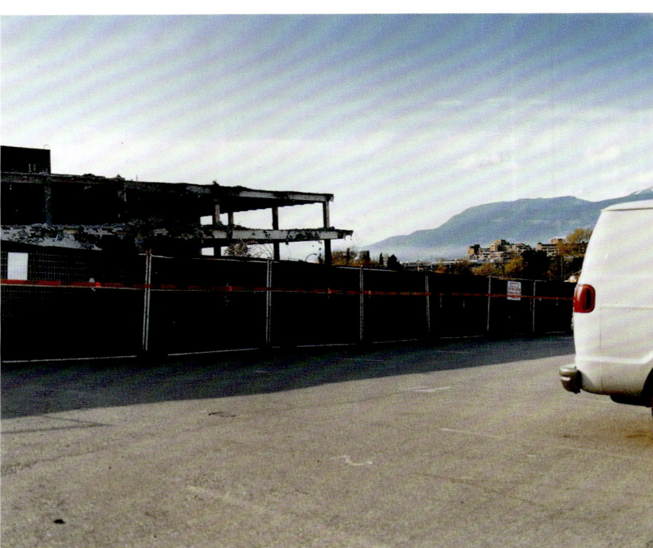

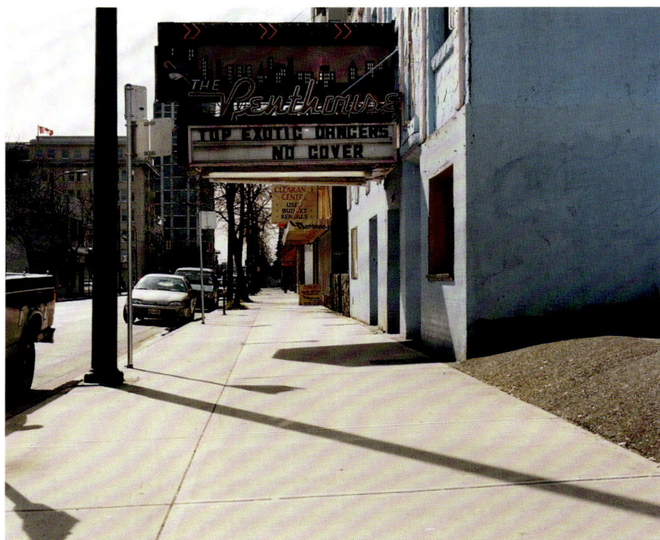

THE Penthouse
TOP EXOTIC DANCERS
NO COVER

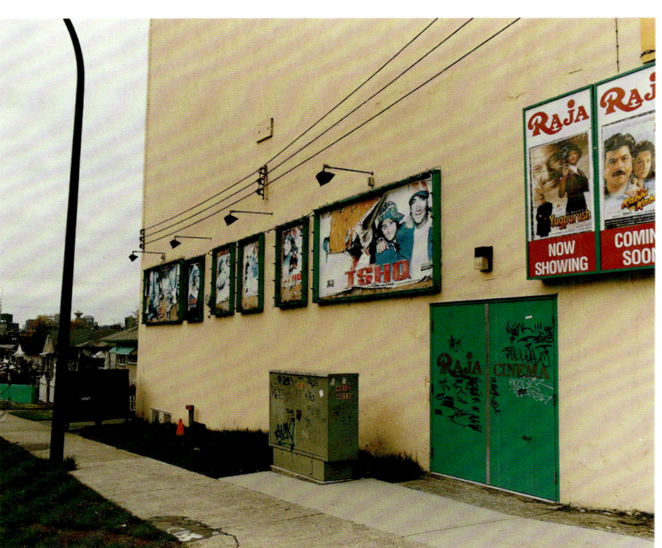

RAja
RAja
NOW
SHOWING
COMING
SOON
RAja CINEMA

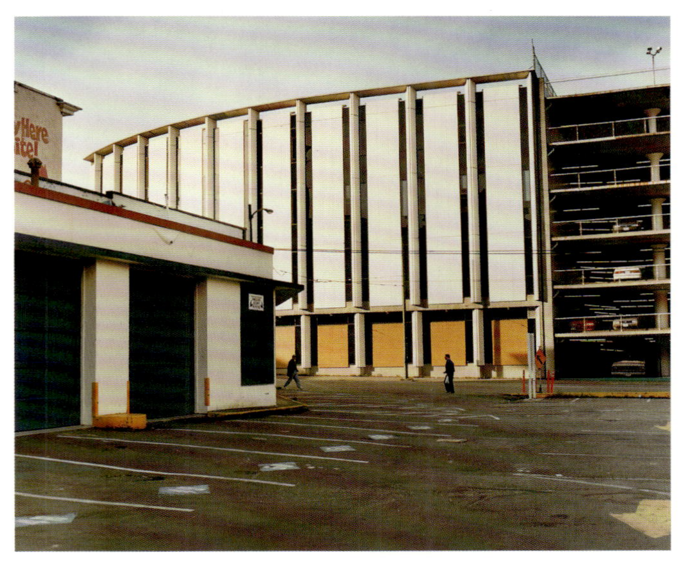

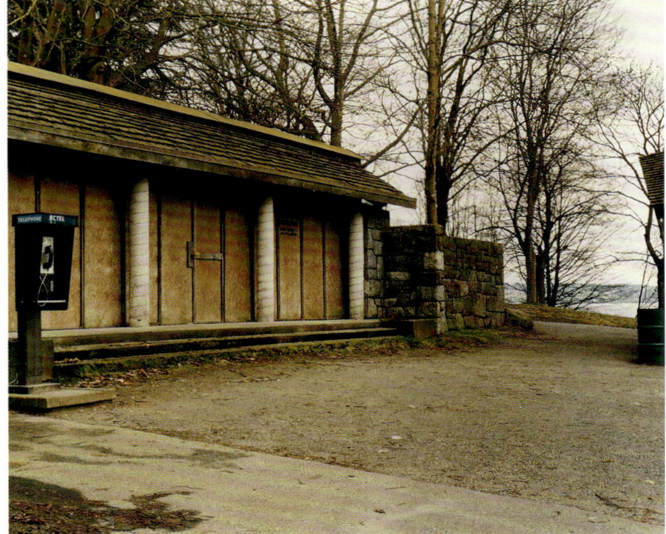

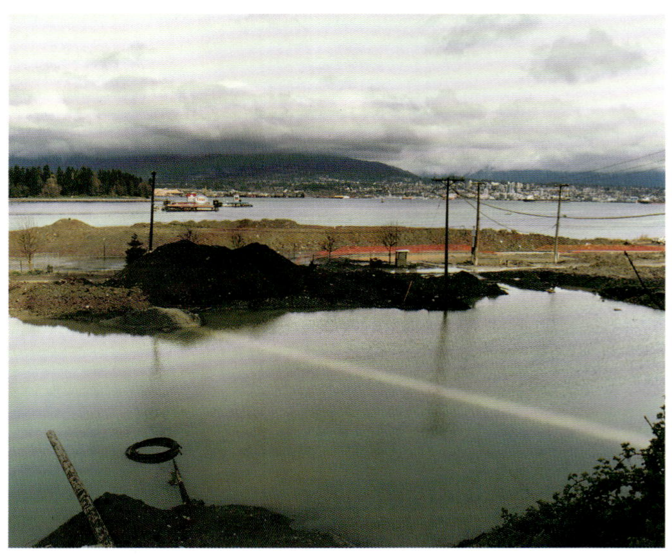

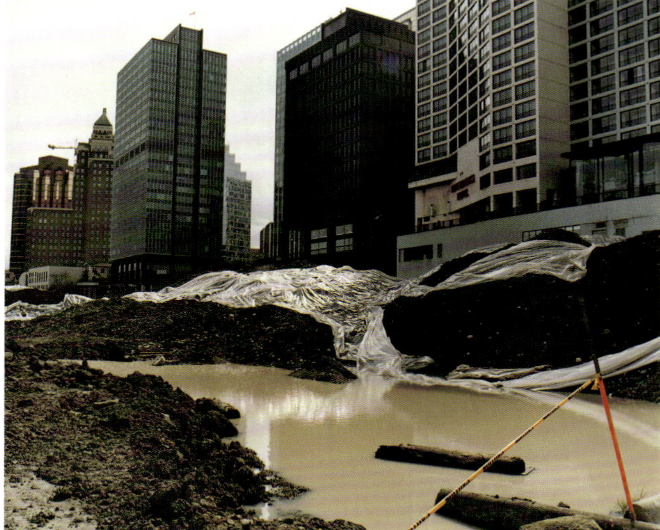

A Sense of The End
1996

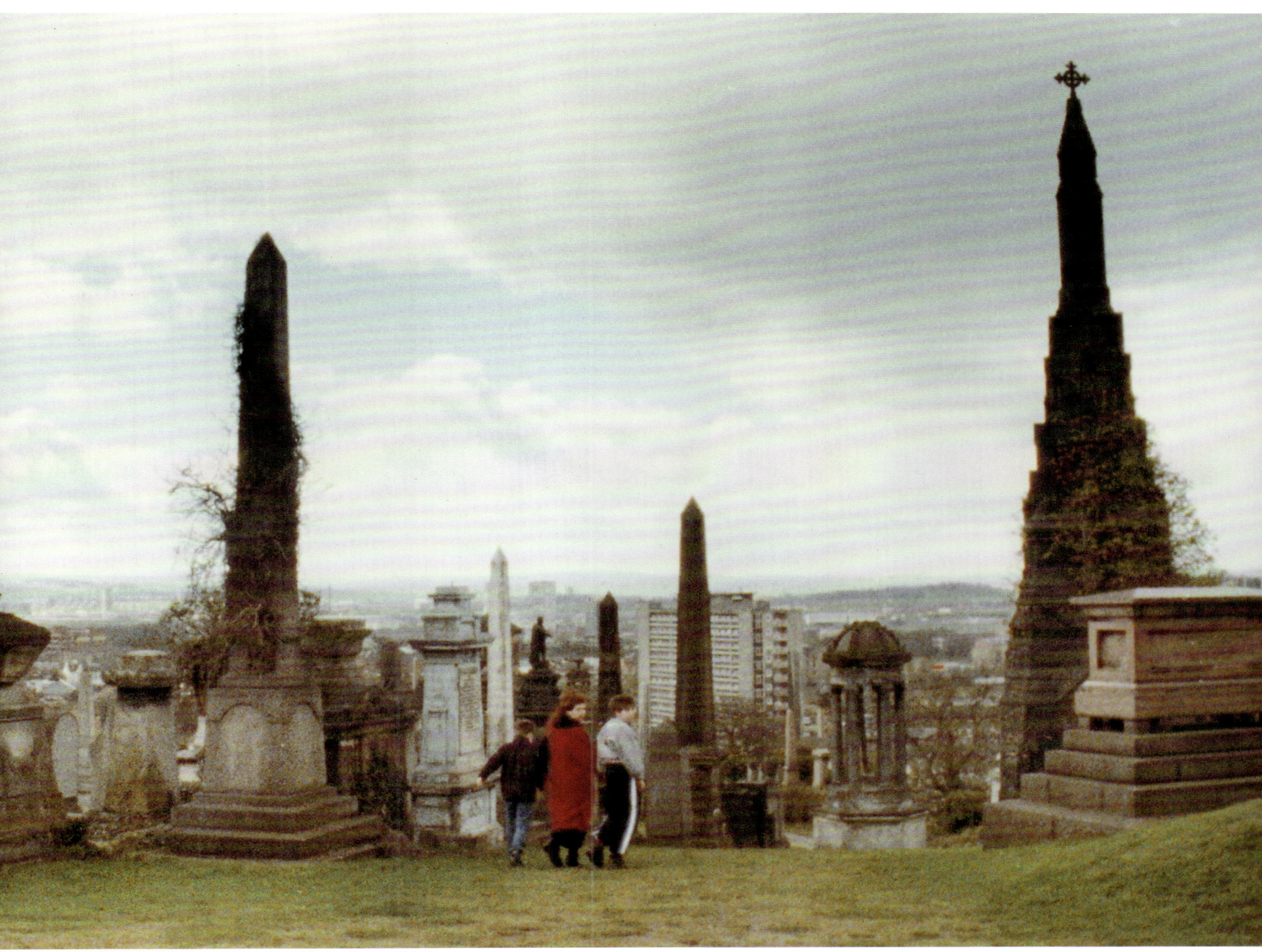

Super 16mm, colour and black and white, sound, transferred to
laser disk, two-screen installation
14 minutes (looped)
Film still; pages 74–77: installation views

Super 16mm, couleur et noir et blanc, son, transféré au disque
laser, installation à deux écrans
Boucle de 14 minutes
Photo tirée du film; pages 74-77 : vues de l'installation

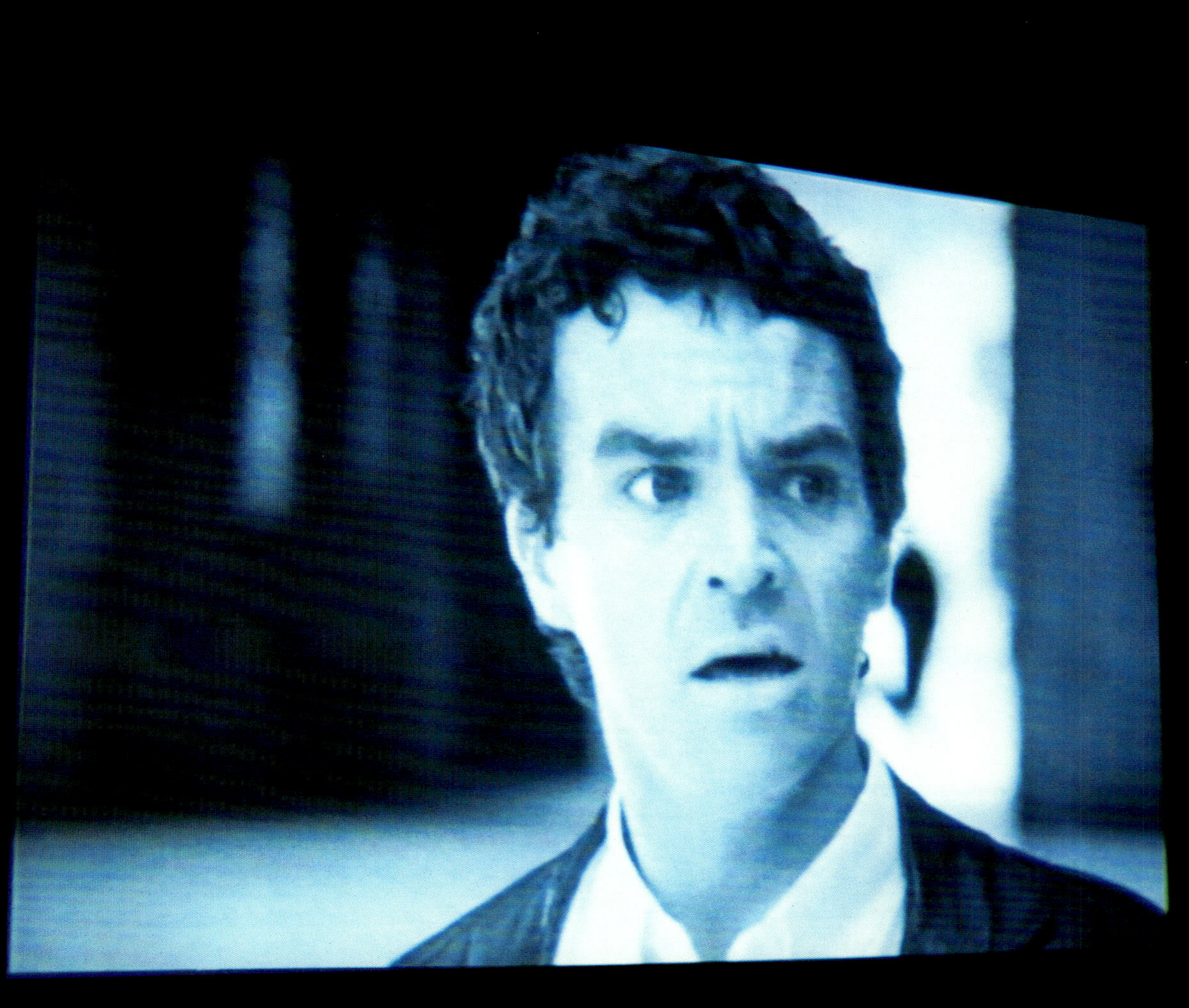

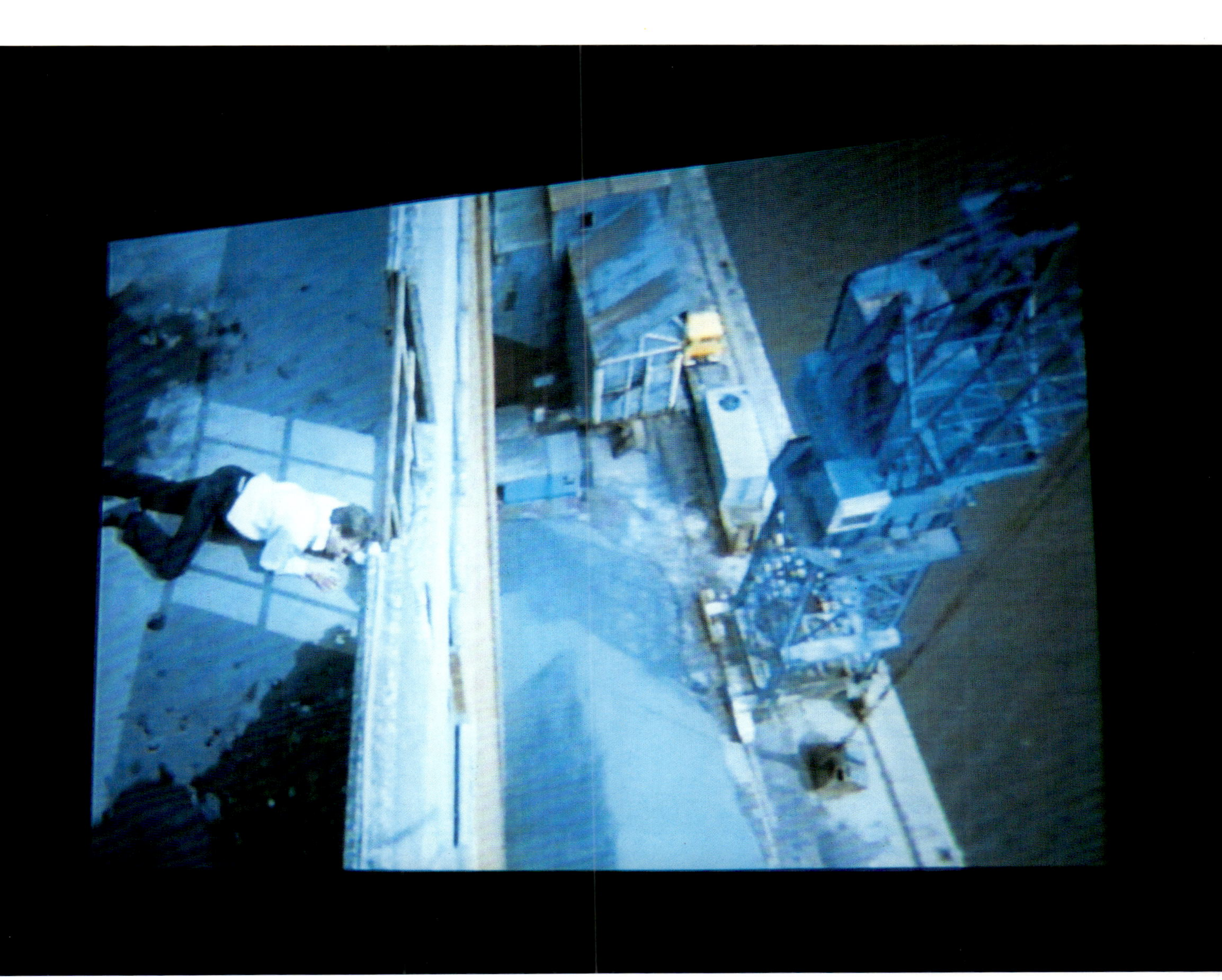

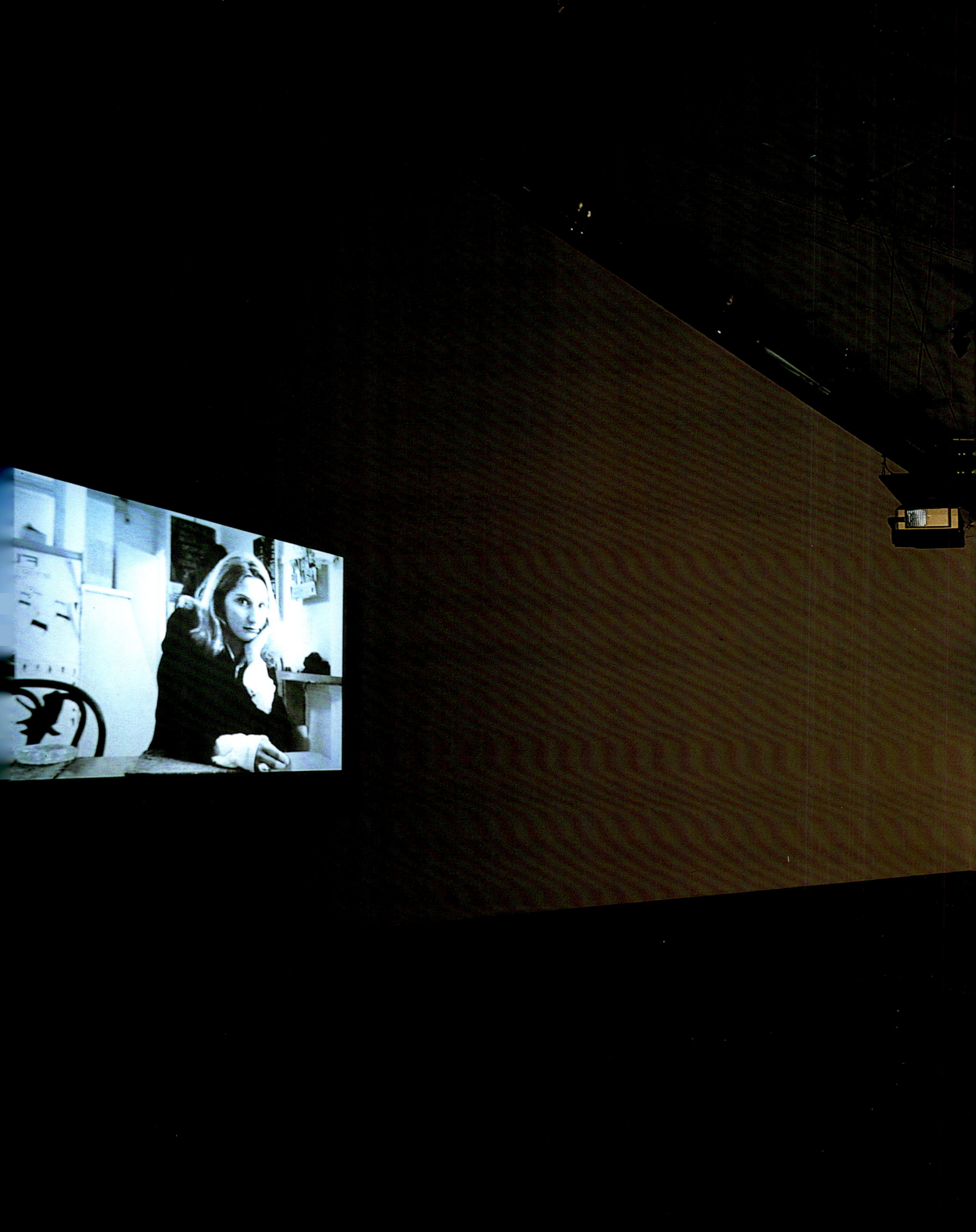

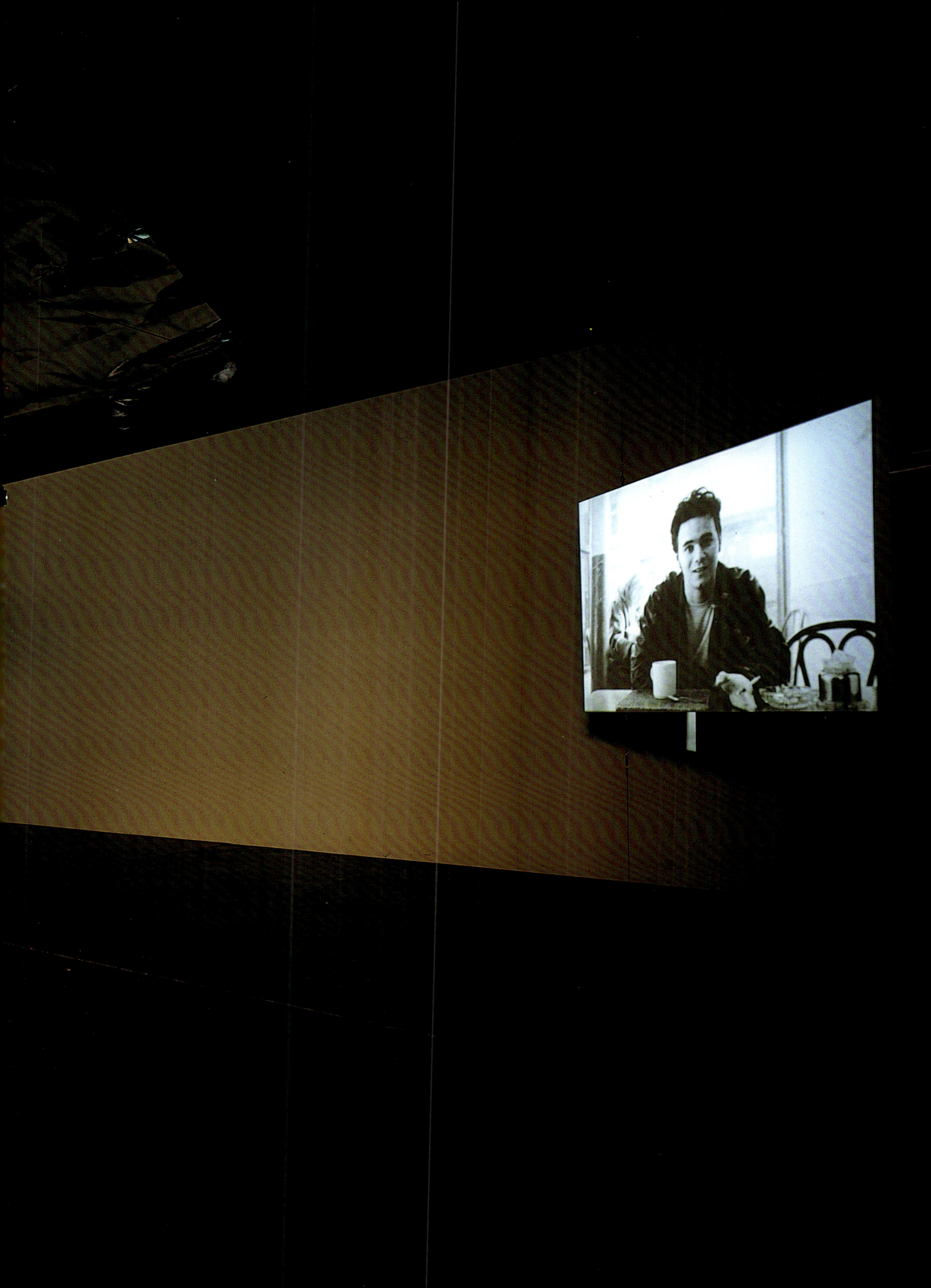

Upside Down Touch of Evil
1997

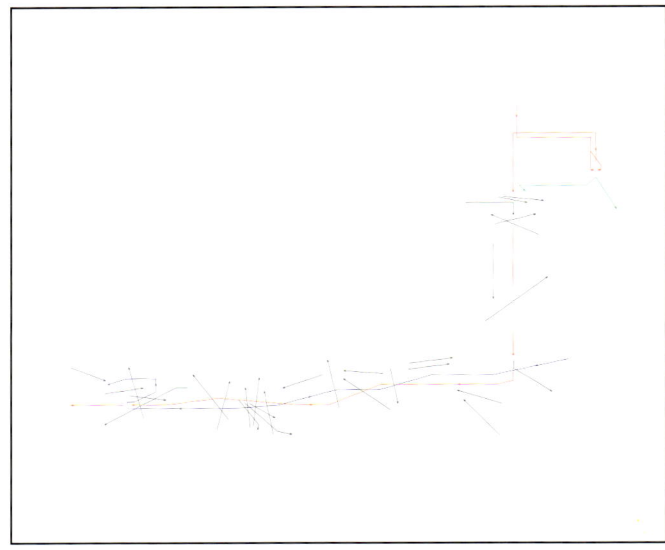

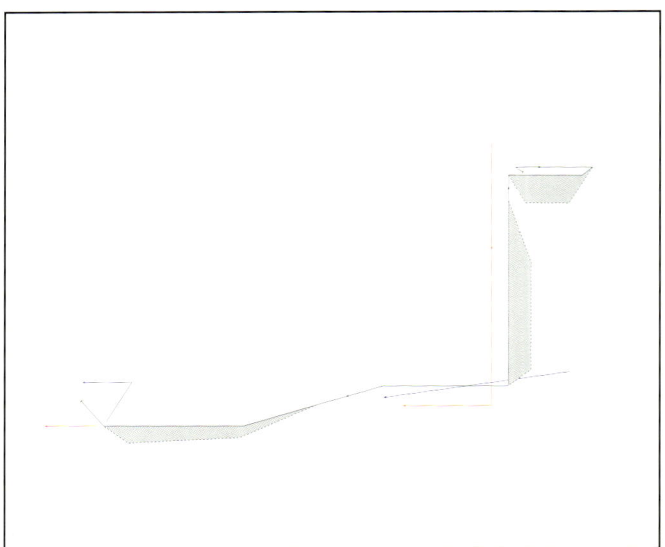

35mm, black and white, transferred to laser disk; 4 minutes (looped).
Above: actors' and extras' movements (top); camera movements;
opposite: description of shot.
Pages 80–83: film stills

35mm, noir et blanc, transféré au disque laser; boucle de 4 minutes.
En haut : mouvements d'acteurs et de figurants; mouvements de
caméra (au dessous); ci-contre : décrivant une prise de vue.
Pages 80-83 : photos tirées du film

Fade up from black. It's dusk; a man's middle body turns towards camera as if to offer the bomb he is holding in close-up. His hand comes into frame and sets the timer. The ticking starts and then we hear a laugh. The man, startled, turns around quickly: a couple are walking along the street towards camera; they turn left into an alley and disappear. The man with the bomb runs first left across the frame, and then back again as the ticking of his bomb segues into Henry Mancini's haunting Latin rhythm. He runs past a heavily postered wall parallel to the alley that the laughing couple have turned into. His huge monstrous shadow chases him and the camera in turn follows as he runs to the back of a convertible car and kneels down to place the bomb in its trunk . He slams the trunk door shut and runs out of frame as the camera begins to crane up, higher and higher. The couple, now almost directly below the camera, walk into frame and get into the car. The car drives away and, turning left, it disappears behind the building. The camera dollys high up over the top of the building following the car's invisible trajectory until it re-emerges onto the street. The car turns left and the camera drops back down again and it too turns left and begins to dolly backwards in front of the car. The camera passes just inches over the top of a policeman who puts up his arm and halts the car at an intersection. People and cars cross the road, but the camera keeps on moving. It starts to crane up again, as more and more things pass between it and the temporarily halted car. After a few moments, the car begins to move forward, and the space between it and the camera diminishes once more until the car is stopped at another intersection by a second policeman. A young couple cross the road. Not just any couple; this time it is Charlton Heston and Janet Leigh who (we will later learn) play the Mexican policeman Vargas and his new American wife Susan. the camera turns left and drops down to dolly in front of Vargas and his wife. The car turns right and overtakes them and disappears for a while. There are more and more people walking in the street. Vargas and Susan are forced to walk around the car which has been detained yet again, this time by a herd of stubborn goats. The camera continues to dolly backwards in front of Vargas and Susan until they reach a border crossing. By then the car has caught up and stops next to them at the guard's post. For the first time in the shot no one is moving, forwards or backwards, and the camera makes its final descent and settles down quietly behind the post as one of the guards asks Vargas and Susan questions. Vargas is recognized by the guards and he is congratulated for a recent cross border drug bust. Meanwhile the woman in the car complains that she can hear a ticking in her ears. Vargas and Susan move around to the front of the car and after a final word with one of the guards, walk away into America. The camera, no longer in front of them, moves forward alongside them. Vargas and Susan stop and are just about to have their very first American kiss when the sound of an explosion interrupts them. And then, cut: the opening shot of Orson Welles' *Touch of Evil* comes to an end. The film continues for a hundred more minutes before Susan and Vargas finally complete their kiss.

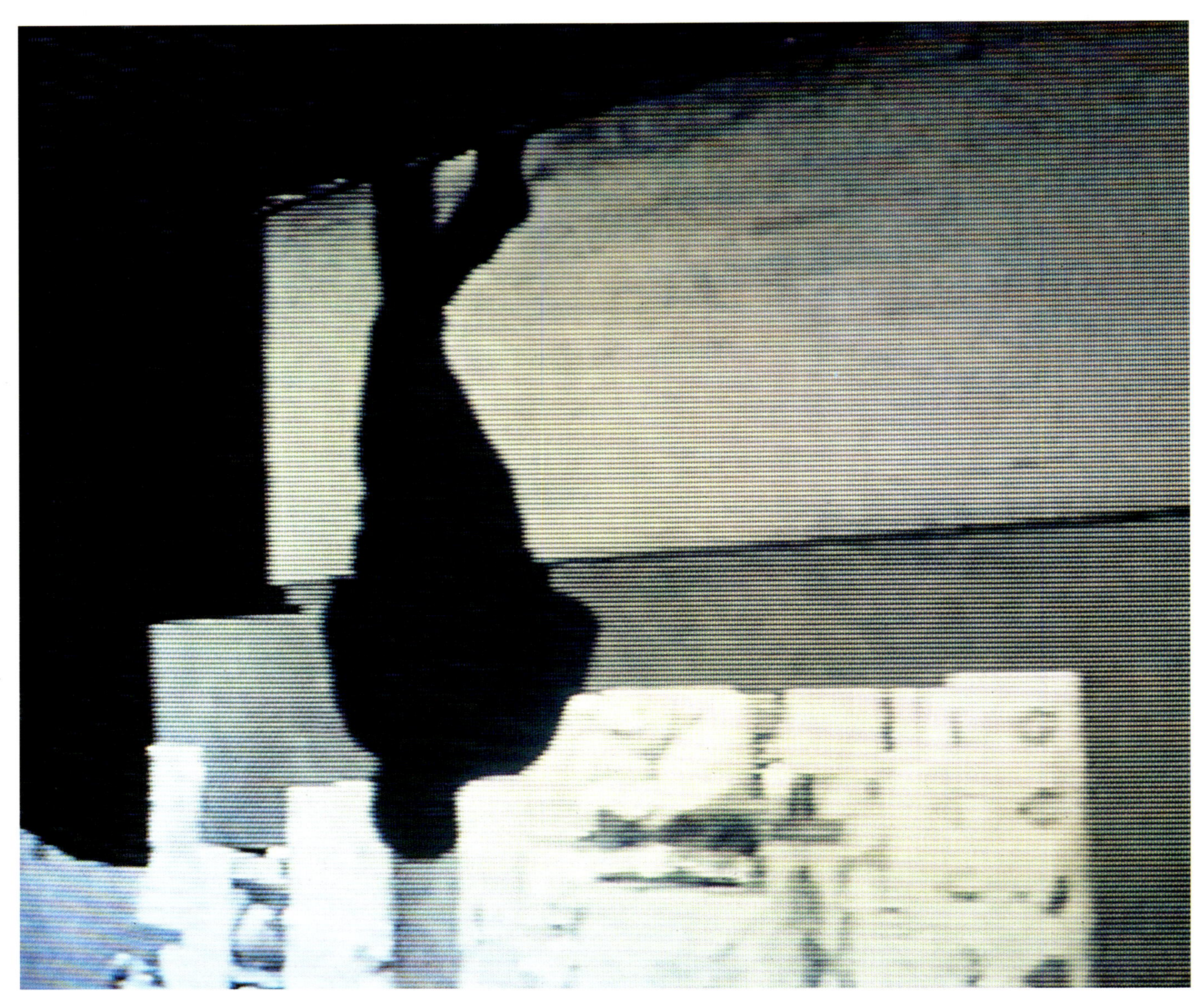

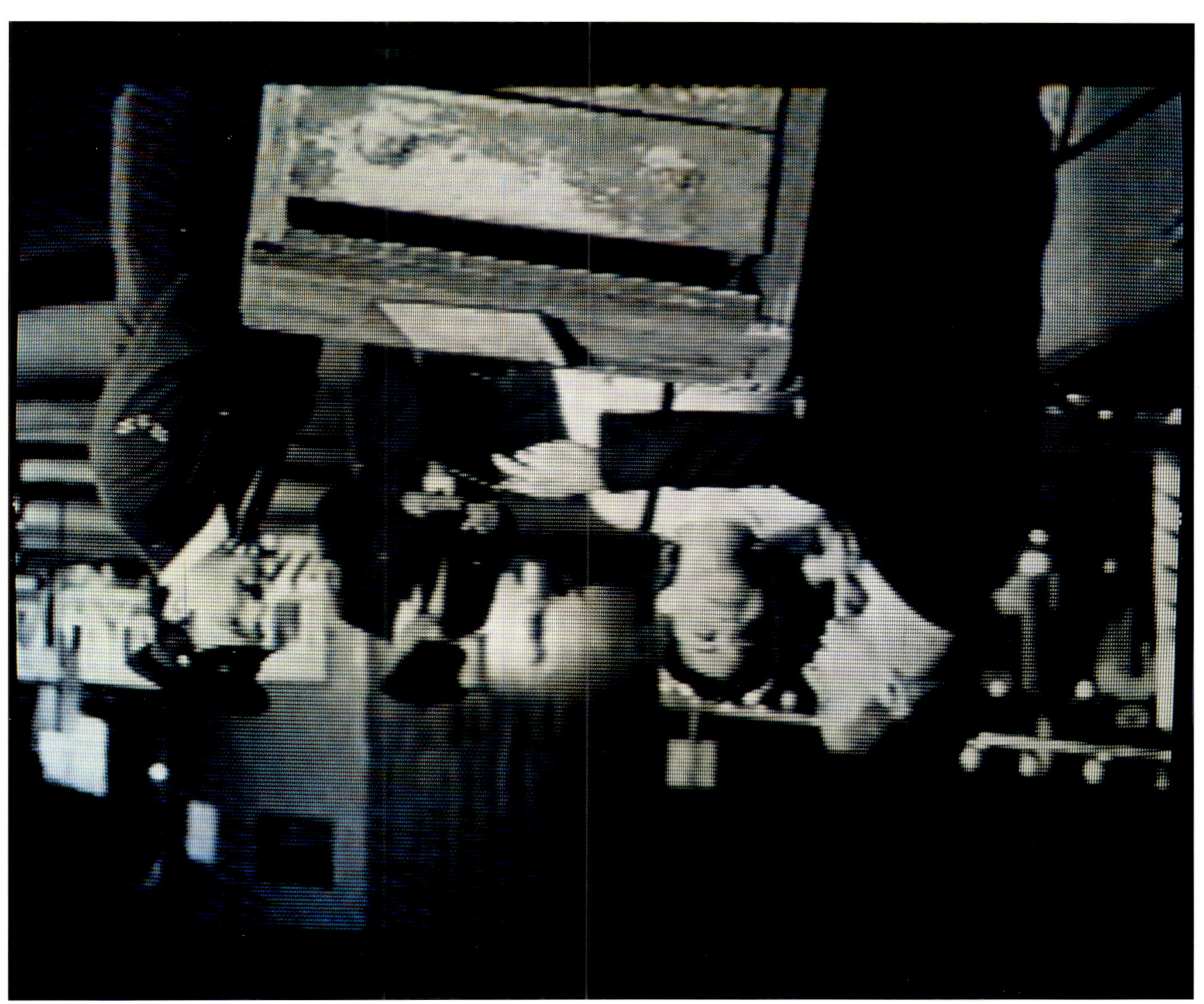

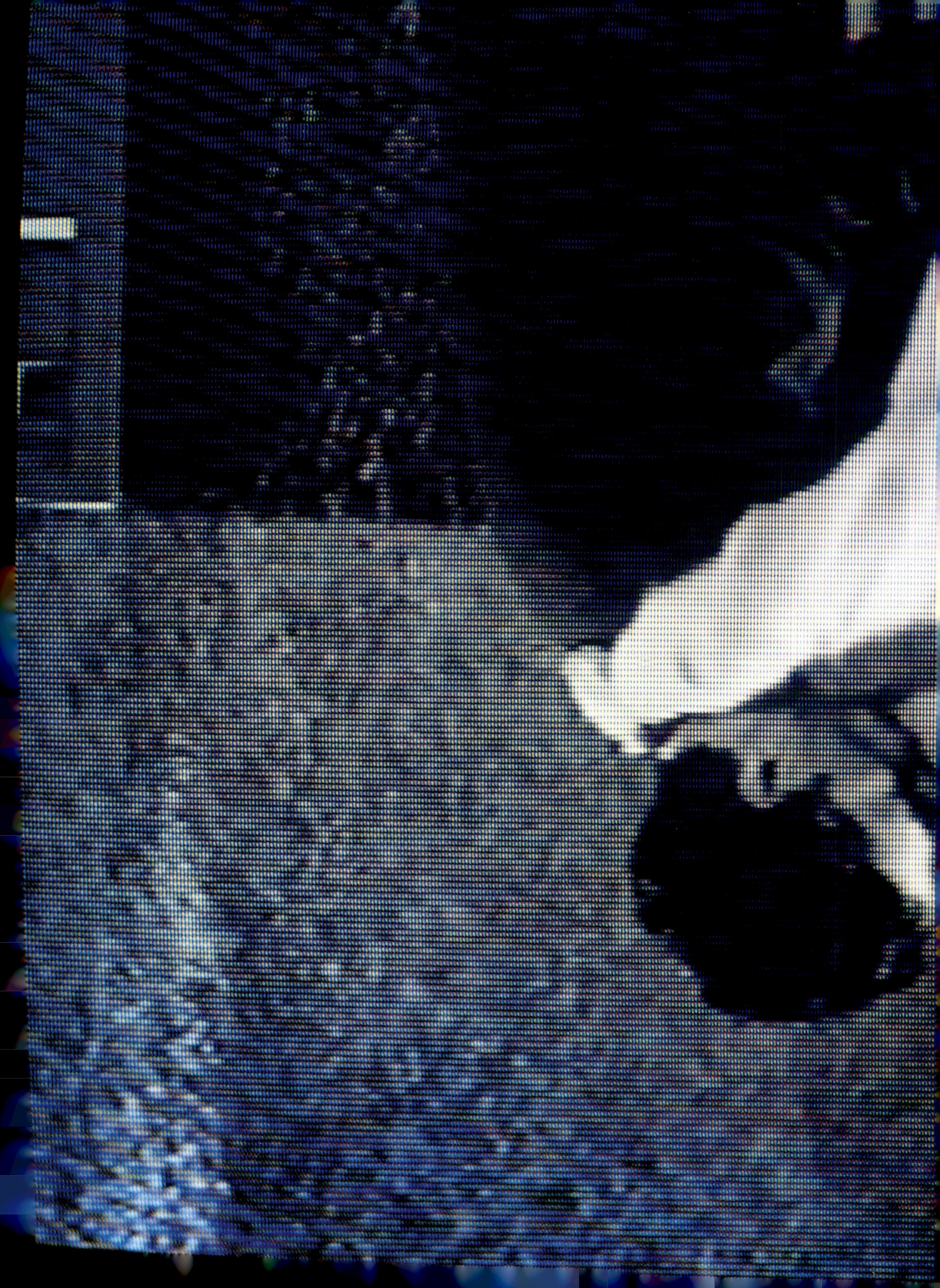

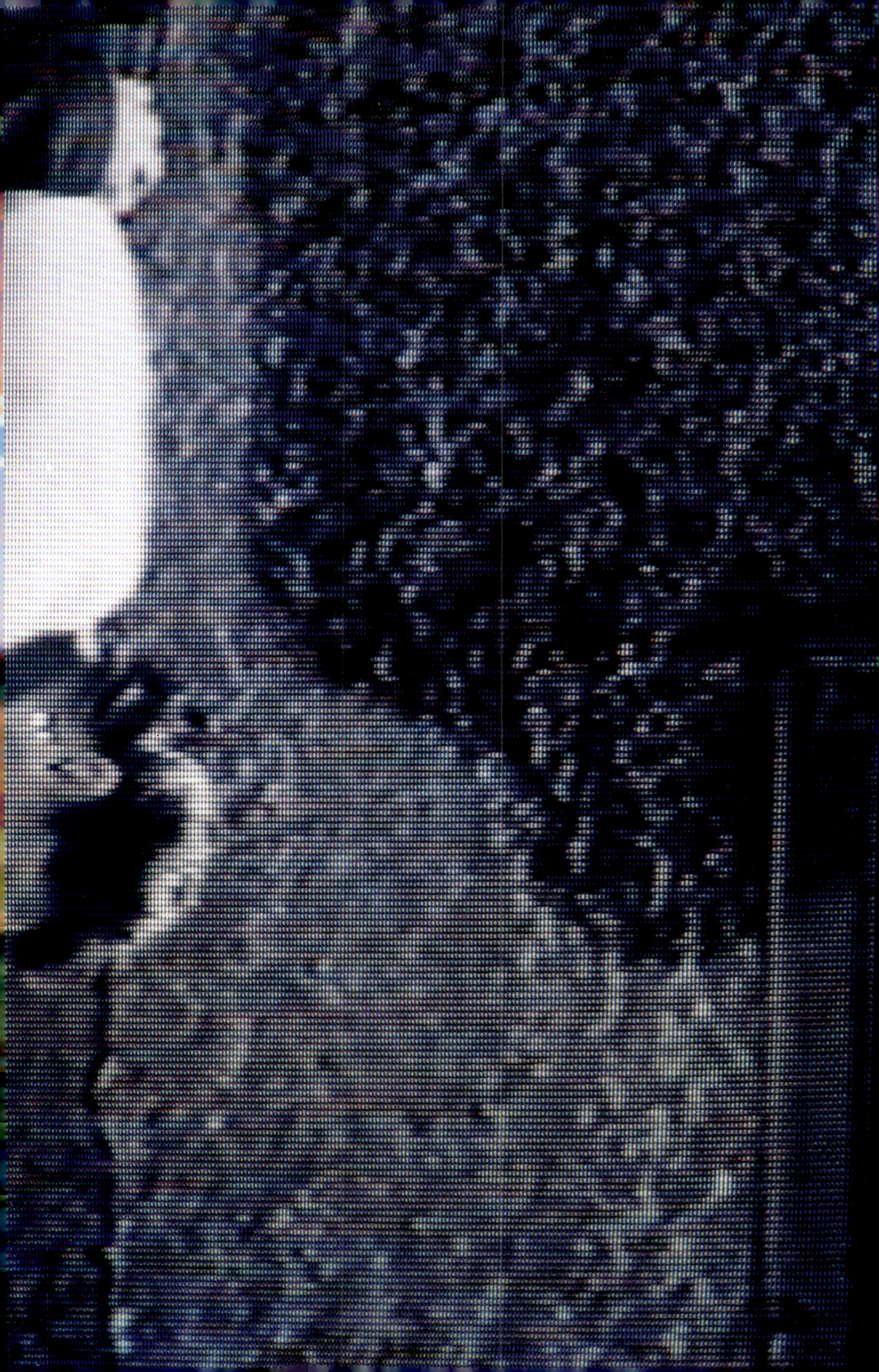

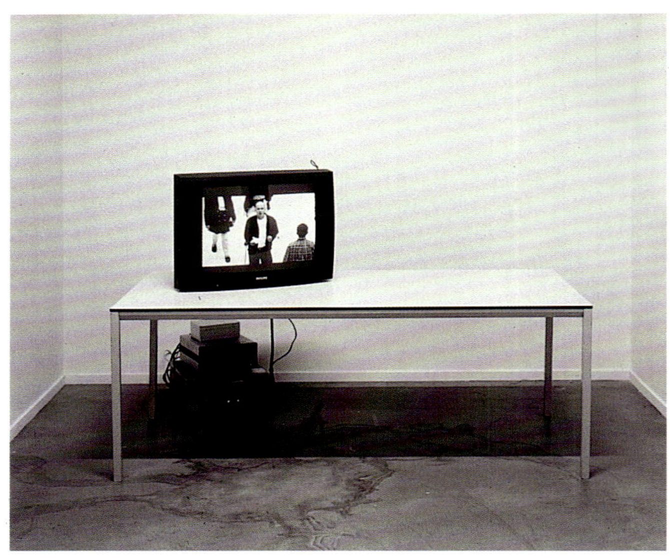

35mm, colour, sound, transferred to DVD
4 minutes (looped)
Installation view; pages 85–86: film still

35mm, couleur, son, transféré au DVD
Boucle de 4 minutes
Vue de l'installation; pages 85-86 : photo tirée du film

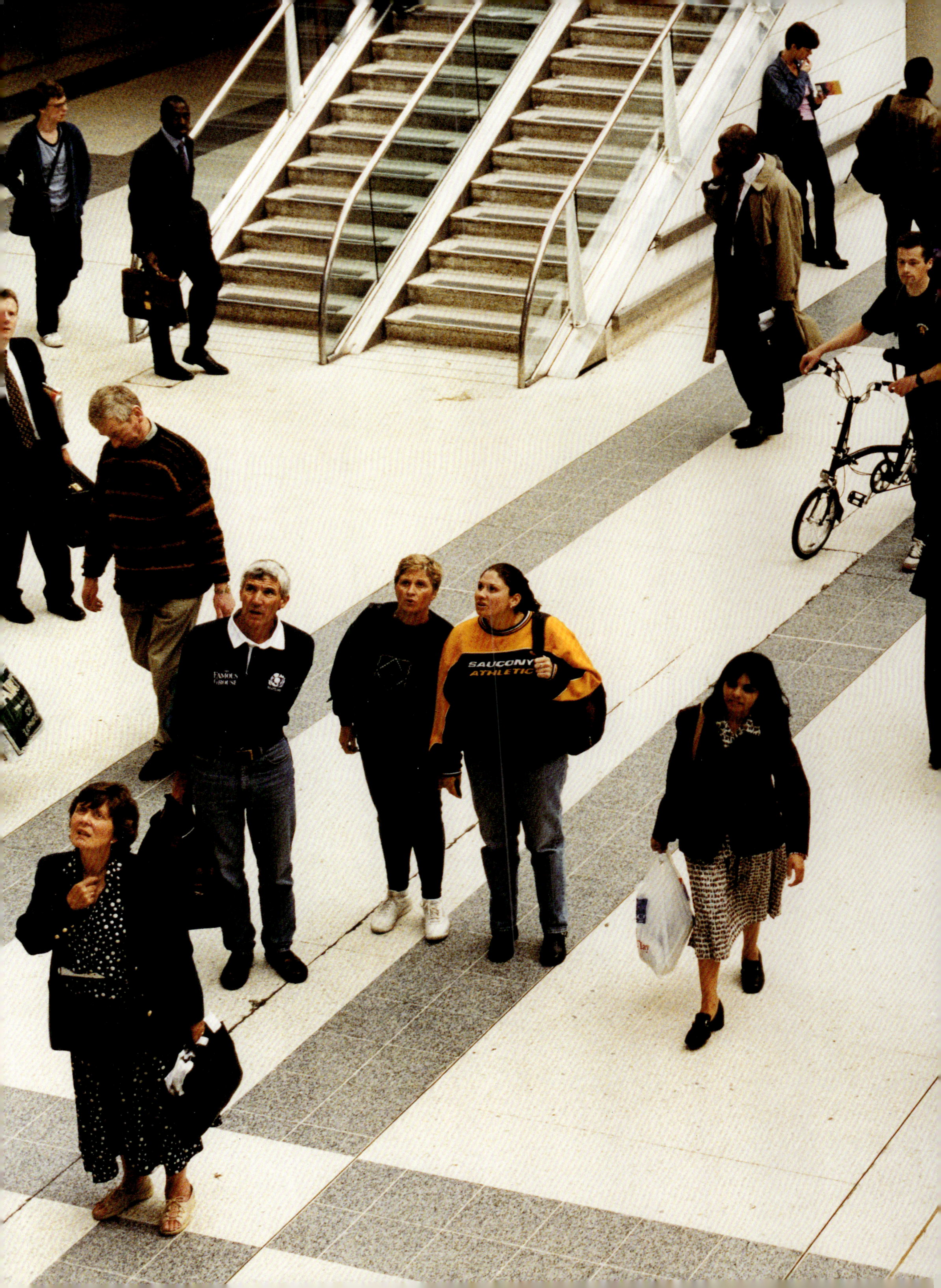

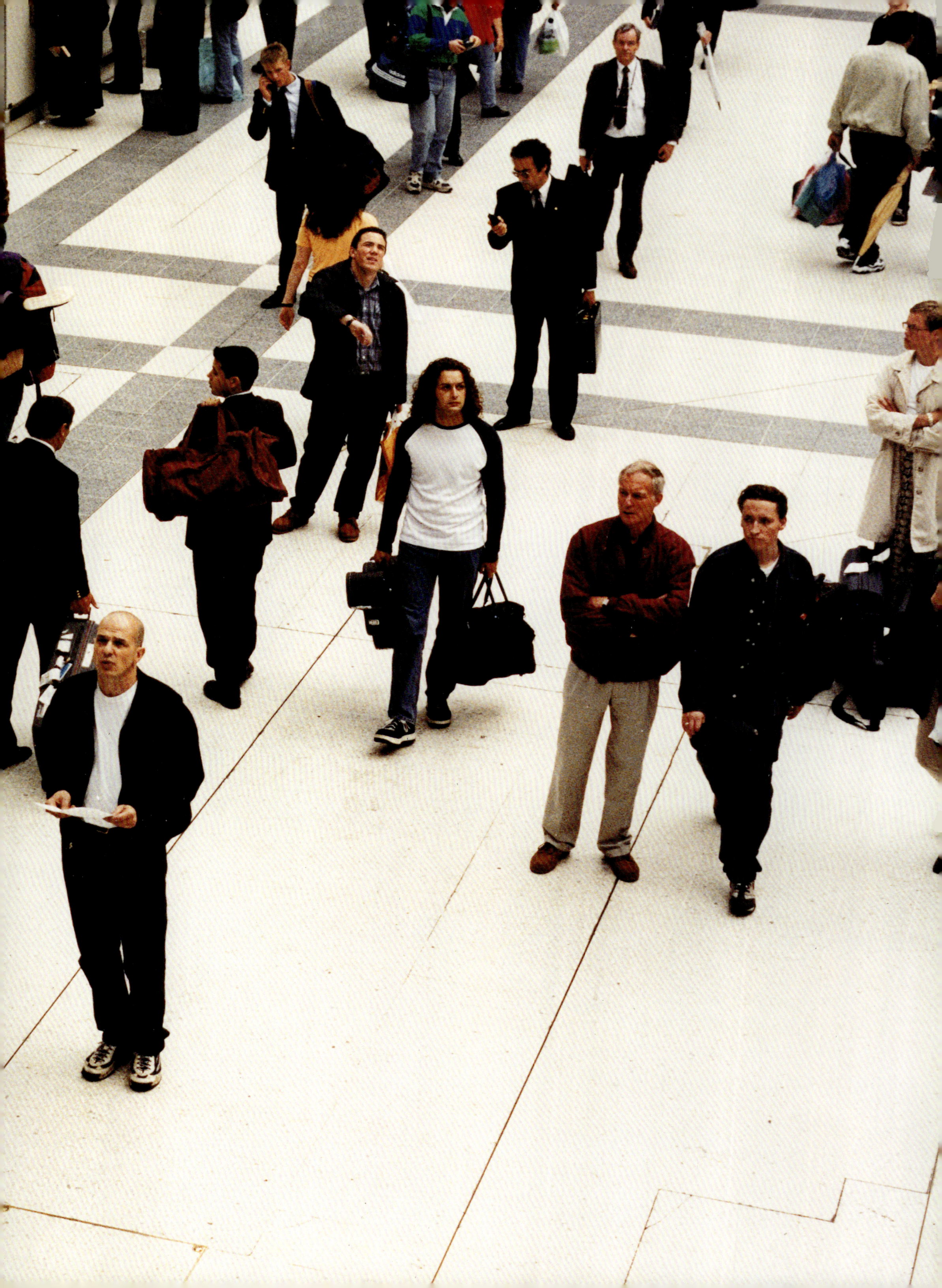

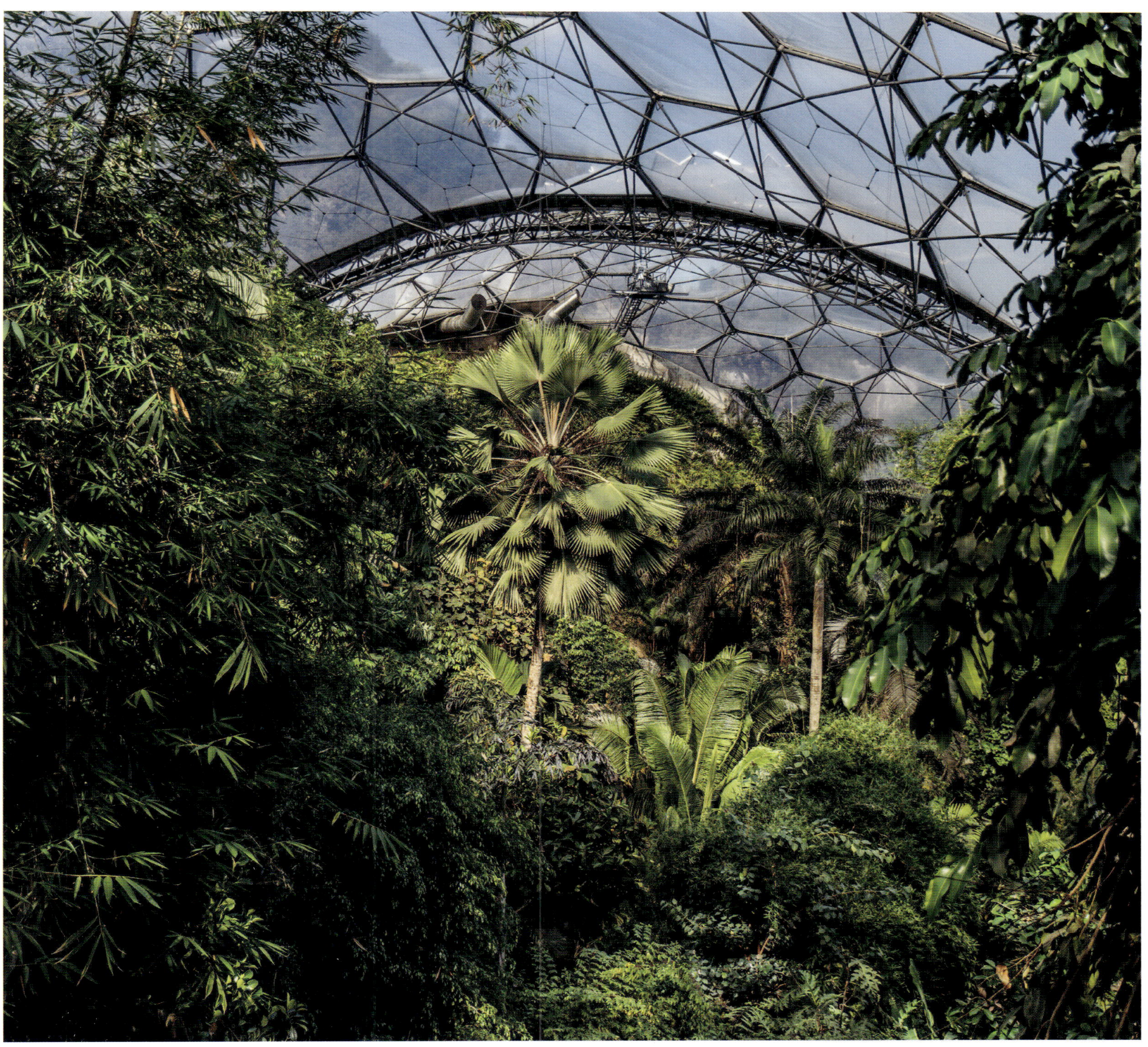

copper roof was the result of a pioneering 'rock to roof' sustainability project that traced the virgin single-source copper donated by Rio Tinto from Bingham Canyon mine in Utah, USA, through the smelting process to its installation on the Core.

A year-round programme of events helps bring the site to life, featuring science, nature and play activities for the general public and early years, and world-class live music at the Eden Sessions. It's not just for tourists; a winter programme runs every year that includes an indoor ice rink, and there are often weekend activities out of peak season.

But there is more to the Eden Project than its Biomes and gardens. Its outer estate of woodlands, orchards, wildflower meadows and kitchen gardens is used to host programmes that bring the therapeutic value of green spaces to those who need it most and give preschool children their first experience of 'wild' play in dedicated sessions.

A pioneer in waste recycling, local sourcing and sustainable construction, the Eden Project recently commissioned the UK's first operational deep geothermal plant in 37 years. This provides low-carbon heat to the Biomes, offices and a new on-site plant nursery,

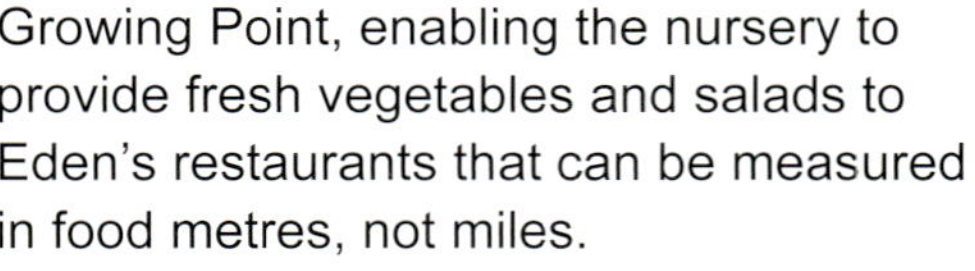

Growing Point, enabling the nursery to provide fresh vegetables and salads to Eden's restaurants that can be measured in food metres, not miles.

The Eden Project has established itself as one of the UK's most recognisable visitor attractions, but it is also a trailblazing educational charity that works with nature to respond to the planetary emergency. This mission starts with its visitors, but it also offers educational opportunities at every level, from preschool to postgraduate. Over 30,000 schoolchildren visit every year; there is a thriving apprenticeships programme, and Eden Project Learning provides degree and postgraduate qualifications in horticulture, event management, sustainability and land restoration in partnership with local HE providers.

The Eden Team is working on new Edens in the UK and overseas to regenerate neglected sites and overlooked communities. Eden also works with governments and NGOs on ecosystem restoration projects in Costa Rica, Mexico and elsewhere.

In 2018, the UK's National Wildflower Centre became part of the Eden Project. The NWC combines conservation, creativity, and colour to create new wildflower habitats that increase biodiversity and connect people with the natural world. The National Wildflower Centre also powers the Eden Project Wildflower Bank, a nature-positive biodiversity net gain company.

Almost 25 years since it opened, the Eden Project continues to offer a positive vision of the future, providing inspiration for others through its transformation of a sterile mining-scarred landscape.

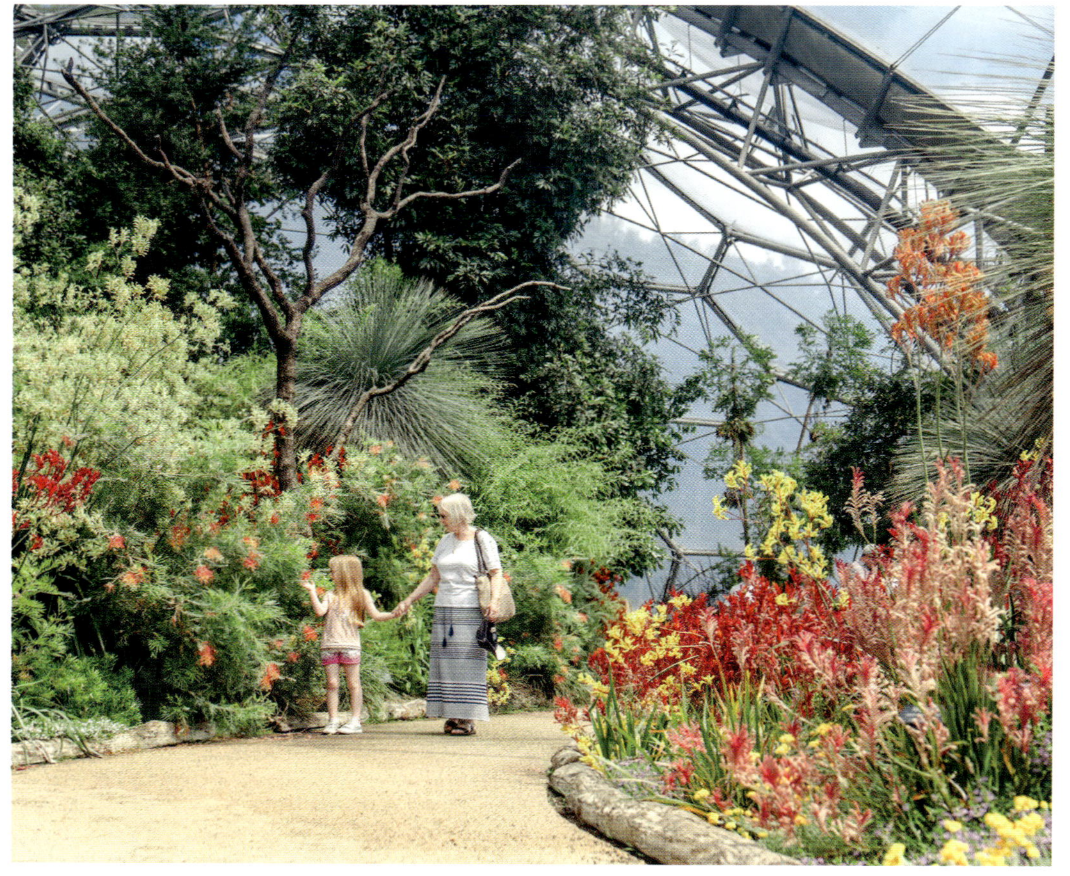

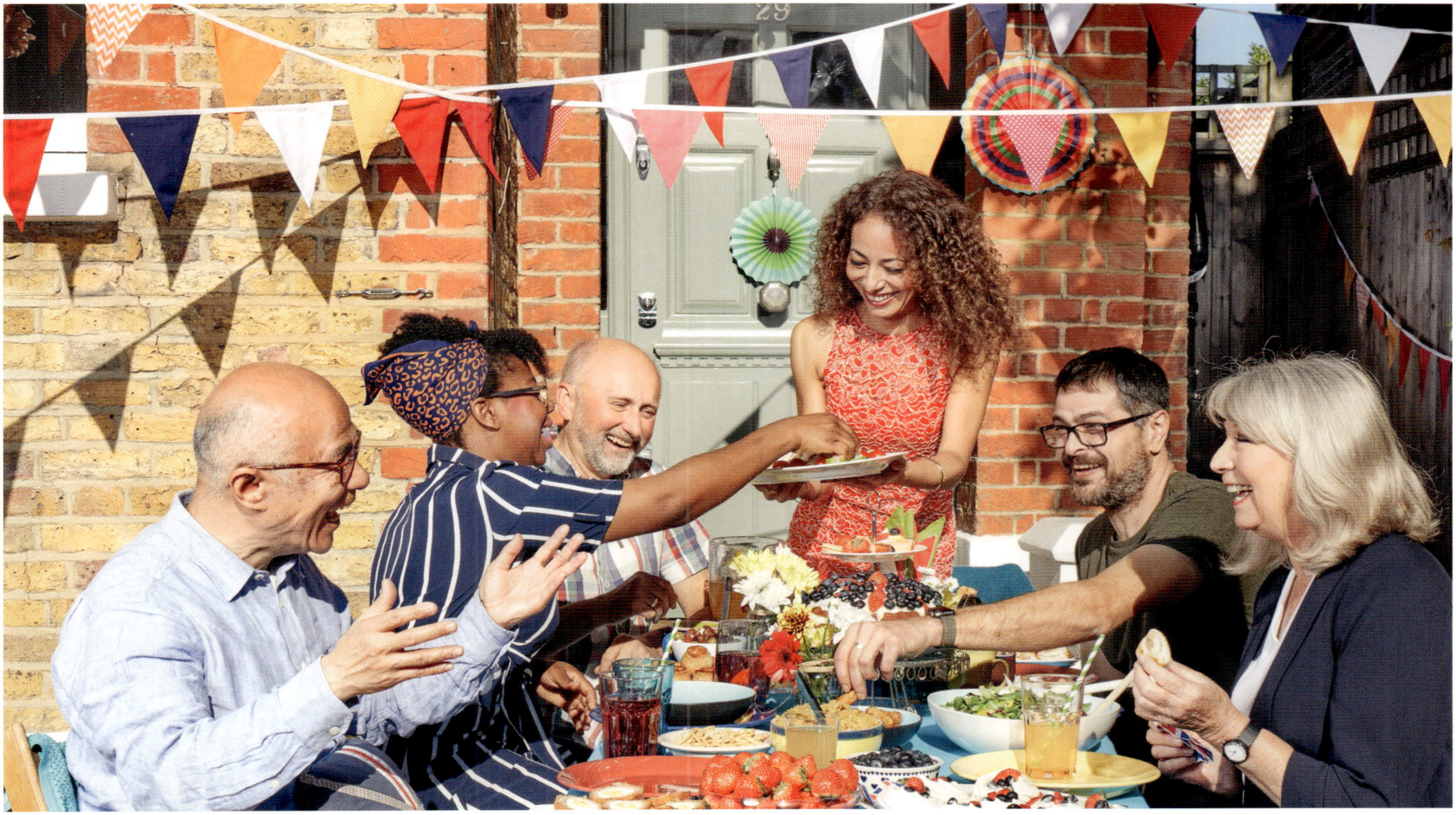

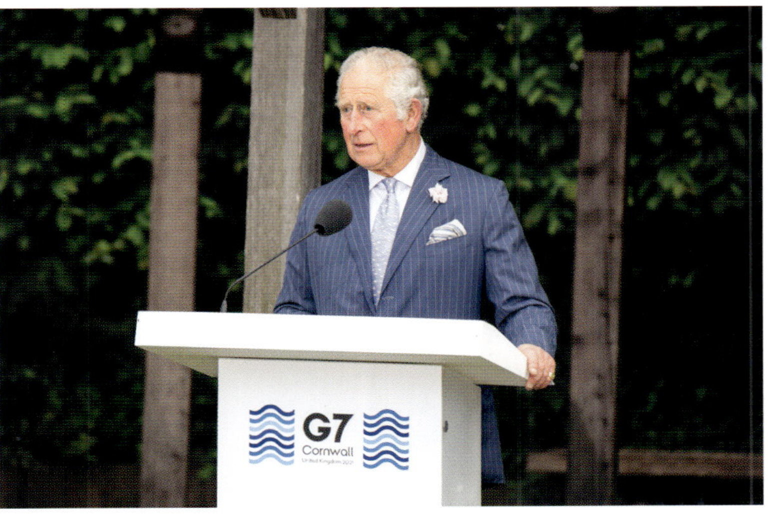

Opposite page: The Mediterranean Biome displays species and cultivars from places that share the region's climate and contains a restaurant that takes its inspiration from the Mediterranean diet.

Above: The Eden Project also invented The Big Lunch, a programme dedicated to bringing neighbours together for an annual street party that forges new relationships and can lead to real change. Millions of people take part every year, and £87m has been raised over the past decade, most of which has gone to local causes.

Left: The Eden Project hosted a royal visit and a G7 dinner for heads of state in 2021.

Odesa Catacombs

Ukraine

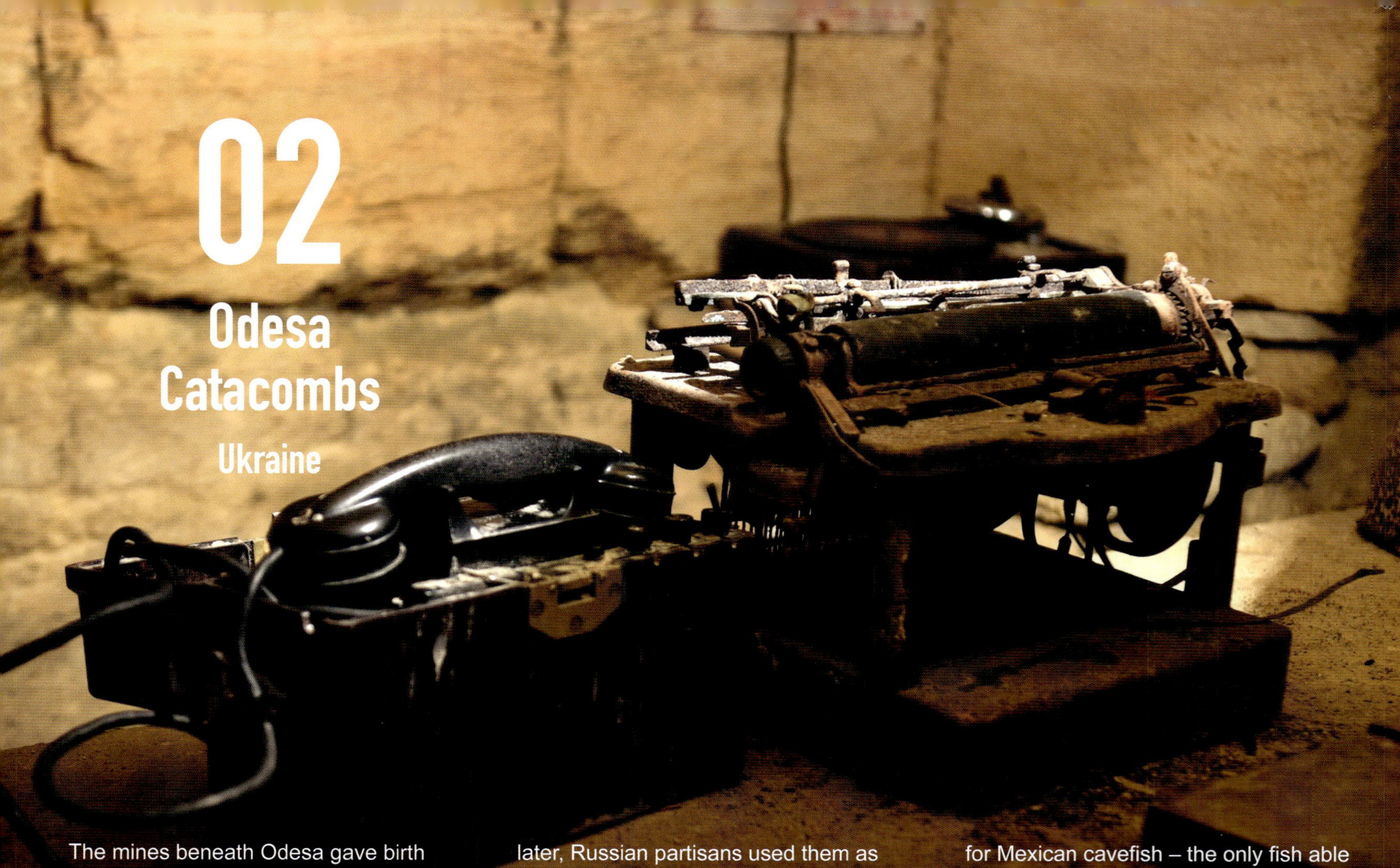

The mines beneath Odesa gave birth to the city. Located in the southwest of Ukraine, the seaport of Odesa sits over a labyrinth of passageways and stone quarries mined to create the city's grandest buildings.

Less than half of its estimated 2,500km tunnels have been mapped, making it one of the largest networks of tunnels in the world – significantly larger than the catacombs of Rome or Paris.

A network like this has obvious appeal during times of conflict. After the Russian Revolution, anti-communist Tsarists sheltered in its depths. Twenty-five years later, Russian partisans used them as a base for sabotage against pro-Nazi occupiers. Today, as Russia wages war on Ukraine, Odesans are once again taking refuge inside.

Until recently, the catacombs mainly drew tourists. Two museums provide limited access to catacombs that contain a Soviet-era nuclear bunker and an underground school with the remnants of an abacus and a blackboard. You can also take tours – one of the city's museums sits over one of the entrances. One enterprising tour guide has used the water that leaks in to create small ponds for Mexican cavefish – the only fish able to cope with the water's high calcium content. He's also built a small bar where visitors can sample local spirits.

Unlike its Roman and Parisian counterparts, the Odesa catacombs weren't used to bury the dead, but corpses have been found in their depths, often perfectly mummified. Rumours abound of a young woman who wandered away from a New Year's Eve party in the catacombs and whose body wasn't found for another two years…

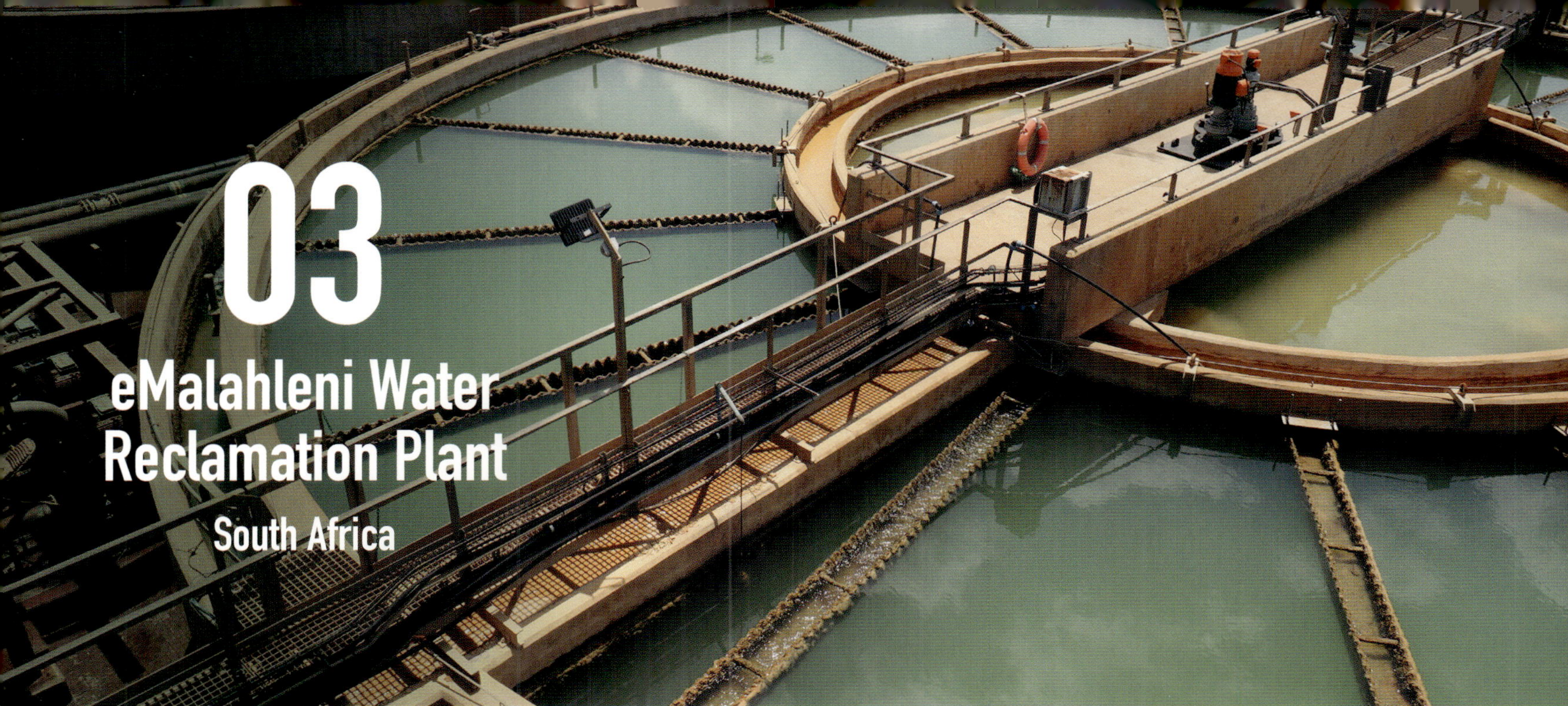

03
eMalahleni Water Reclamation Plant
South Africa

Increasing water scarcity in South Africa's Mpumalanga Province due to increased demand and declining rainfall and the availability of copious amounts of mine water have dovetailed into a neat answer to two problems: finding a long-term solution to the contaminated mine water and providing potable water for local communities.

Only some of the water treated at coal exporter Thungela's enormous eMalahleni Water Reclamation Plant (EWRP) is released into a receiving water body. Unusually, most of the now potable water enters the local municipality supply for eMalahleni's growing population of about 500,000 people. EWRP provides 20% of the municipality's needs, while some of the cleaned water is returned to the mines for their operational needs and drinking water.

Commissioned in 2007 and built on Greenside Colliery land, EWRP treats between 25 and 40 million litres per day from five opencast and underground coal mines – both operating and closed – the furthest being 26km away.

Treatment occurs in a conventional three-stage process, including a final ultrafiltration step. A turbulent spectrum of oranges and chocolate browns churns through angular concrete tanks and a tangle of pipework, with the dissonant accompaniment of hard-working pumps, to the circular blue and green calmness of the settling tanks. The gypsum by-product (from the main calcium and sulphate contaminants) is collected and used by farmers as a soil improver. Brine (sodium sulphate), however, is a benign waste product that is currently stored on-site, pending the development of reuse options.

Initially, the project had to satisfy the government's environmental concerns, notably that residents would refuse to drink 'reclaimed' mine water. The idea was eventually welcomed by the community, however, because of the poor quality and limited availability of the municipal supply. 'Taste testing' with local people was also carried out.

Collaborative research is underway to further minimise the waste streams. These include a final step to produce elemental sulphur as a possible future commercial product.

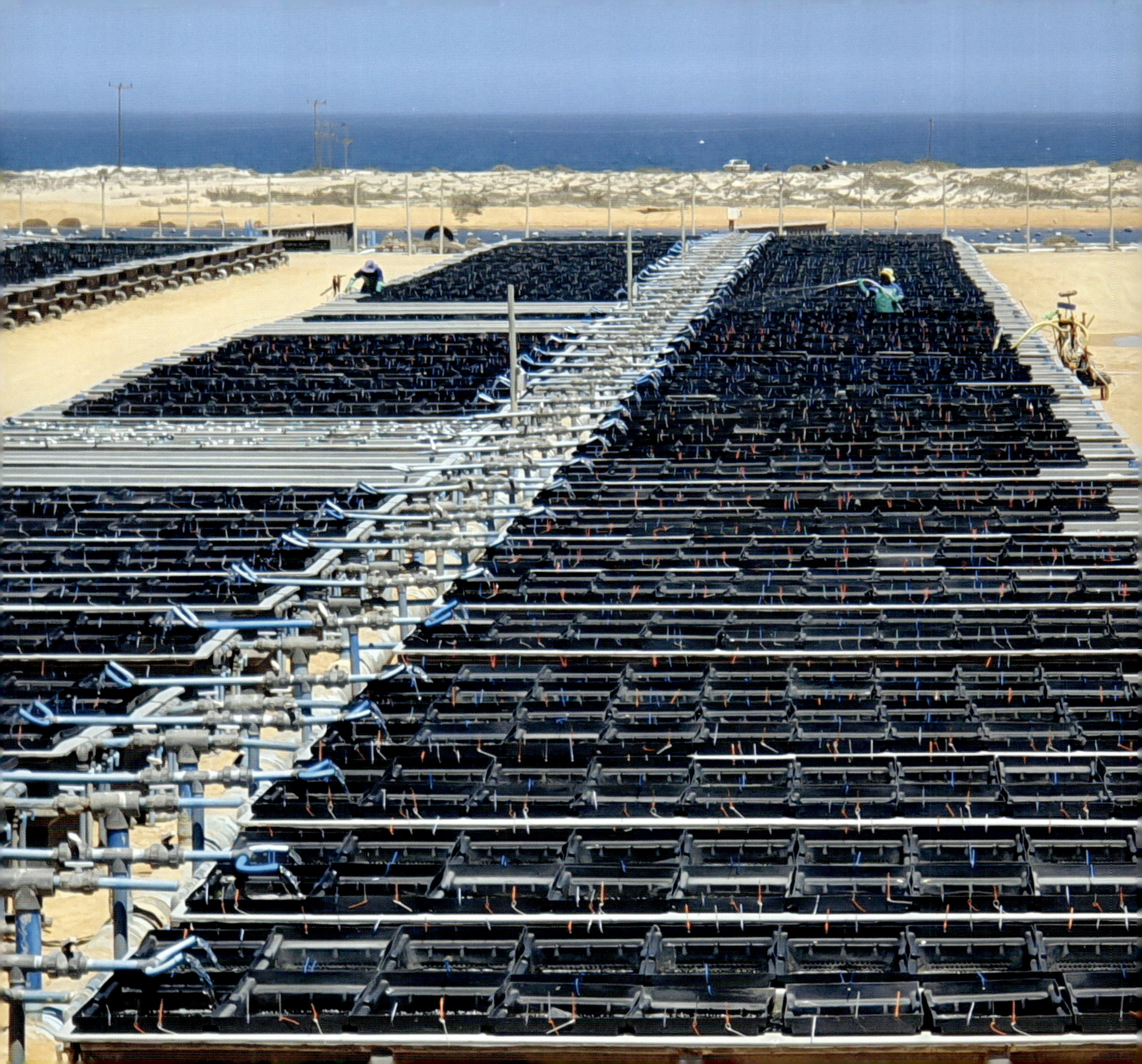

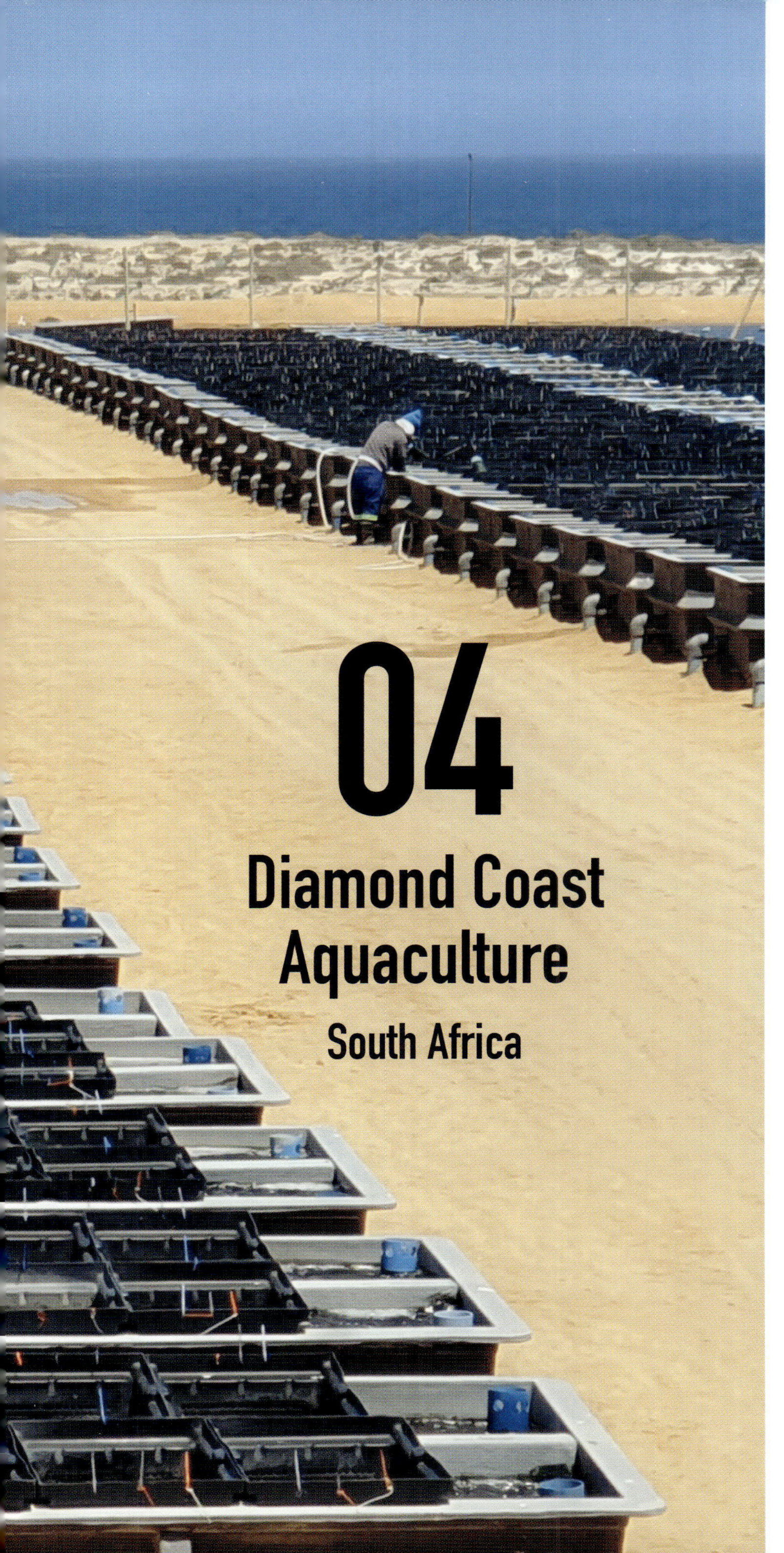

04

Diamond Coast Aquaculture

South Africa

Seawater bubbles in serried ranks of black tanks stretching to the Namaqualand blues of sky and ocean. An arid backdrop of derelict buildings and mine waste dumps shows there is still work to be done. Just offshore, small privately owned boats hoover diamonds from the shallow seabed with long pipes held on the seafloor by divers.

Abalone is a marine snail and a culinary delicacy. Seeing an opportunity in a South African operational diamond mining area, Diamond Coast Aquaculture began its abalone farm in 2010 after acquiring land and several buildings from De Beers, including the pumphouse – since refitted – and a former workshop now used for storage.

The large fibreglass tanks, housing thousands of abalone, are fabricated on-site. Fresh seawater is a prerequisite, so the proximity of the Atlantic Ocean is essential, although about 50% of the water used is recycled. *Ulva* seaweed, cultured in large circulating tanks, absorbs contaminants from the shellfish, and when broken down, it is fed back to them.

Abalone takes over four years to achieve a commercially valuable size. It's a high-value crop and easily transportable, so security is tight to deter poachers. Diamond Coast Aquaculture ships 100 tonnes of abalone per year to a packaging and export firm, which exports across the world – particularly to China and Taiwan.

The company's workforce of 72, plus contractors, hail mainly from surrounding communities – including the former diamond mining town of Kleinzee (a proclaimed town under the jurisdiction of the local municipality), which is suffering severe post-mining decline.

Originally excavated during mining operations, an artificial lagoon sits between the abalone farm and the sea. Kleinzee Mariculture leases this land from Diamond Coast Aquaculture to farm oysters on ropes suspended from regimented lines of floats.

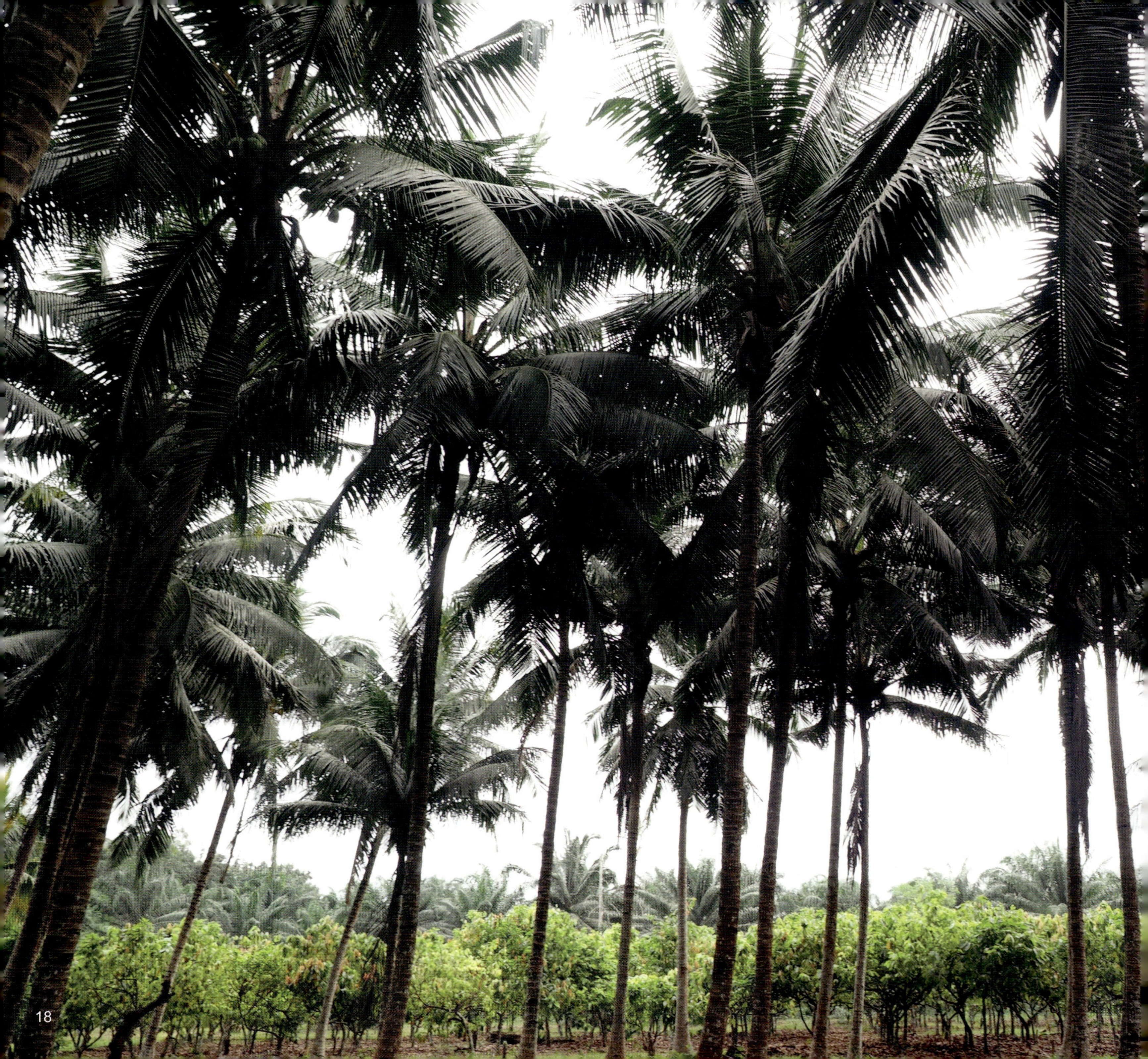